本书的出版得到国家自然科学基金项目［61440019］，海南省自然科学基金项目［614228］，海南大学青年基金项目［qnjj1175］和海南大学科研启动基金项目［kyqd1232］的资助。

互联网信息监测系统研究

Monitoring the Internet Information

周　辉　著

知识产权出版社
全国百佳图书出版单位

图书在版编目（CIP）数据

互联网信息监测系统研究/周辉著. —北京：知识产权出版社，2015.9

ISBN 978 - 7 - 5130 - 2254 - 5

Ⅰ.①互… Ⅱ.①周… Ⅲ.①互联网络—信息管理—监测系统 Ⅳ.①TP393.4②G203

中国版本图书馆 CIP 数据核字（2013）第 213110 号

内容提要

本书循序渐进地介绍了互联网信息、信息监测的概念，手工监测方式及搜索引擎方式的不足，介绍了互联网信息监测系统存在的必要性和紧迫性，并尝试梳理了不同概念的内在差异和相互关系。在详细严谨的调研以及实际项目经验的基础上，归纳整理了企业用户在互联网信息监测上的功能性与非功能性需求，并以媒体监测、信息推送、咨询分析、监测规则管理为重点展开讲述了多个功能点。对从事互联网信息监测研究的学者及互联网信息监测的工作人员有指导借鉴意义。

责任编辑：国晓健　　**责任校对**：孙婷婷

封面设计：刘　伟　　**责任出版**：刘译文

互联网信息监测系统研究

周　辉　著

出版发行：	知识产权出版社有限责任公司	**网　址**：	http：//www. ipph. cn
社　址：	北京市海淀区马甸南村 1 号	**天猫旗舰店**：	http：//zscqcbs. tmall. com
责编电话：	010 - 82000860 转 8385	**责编邮箱**：	guoxiaojian@ cnipr. com
发行电话：	010 - 82000860 转 8101/8102	**发行传真**：	010 - 82000893/82005070/82000270
印　刷：	北京中献拓方科技发展有限公司	**经　销**：	各大网上书店、新华书店及相关专业书店
开　本：	787mm × 1092mm　1/16	**印　张**：	6.75
版　次：	2015 年 9 月第 1 版	**印　次**：	2015 年 9 月第 1 次印刷
字　数：	95 千字	**定　价**：	22.00 元

ISBN 978-7-5130-2254-5

前　言

当今，互联网信息的传播空前迅速，网民表达诉求的方式日益多元化。互联网信息是通过互联网传播的公众对现实生活中某些热点、焦点问题所持的有较强影响力、倾向性的言论和观点，主要通过微博、论坛、博客、新闻评论、转帖、社交网站等实现并加以强化。社交网站、微博、微信等新媒体开始流行之后，信息在数小时之内足以传遍全国。及时掌握相关信息，无论对企业还是对国家机构，都有着至关重要的作用。

在互联网影响力日益增大的今天，各级党政机关，企业、事业单位和学术机构都越来越重视对网络信息的监测、研究和引导。如果引导不善，负面的网络信息将对社会公共安全形成较大威胁。对相关政府部门来说，如何加强对网络舆论的及时监测、有效引导，以及对网络舆论危机的积极化解，对维护社会稳定、促进国家发展具有重要的现实意义。

首先，本书循序渐进地介绍了互联网信息、信息监测的概念，手工监测方式及搜索引擎方式的不足，介绍了互联网信息监测系统存在的必要性和紧迫性，并尝试梳理了不同概念的内在差异和相互关系。其次，在详细严谨的调研及实际项目经验的基础上，本书归纳整理了企业用户在互联网信息监测上的功能性与非功能性需求，并以媒体监测、信息推送、咨询分析、监测规则管理为重点展开讲述了多个功能点。

在代表性需求的基础上，本书展开了需求分析和系统设计的工作，给出了具体的解决方案，并详细分析了互联网信息采集、海量信息管理与检索，多维分析与机器挖掘等多个子系统的技术特点及设计要点。然后，从数据处理流程的角度，逐一剖析 HTML 网页信息的抓取，网页正文提取，结构化内容解析，中文、英文、维文等多语言支持，以及文本中的命名实体识别等技术环节。

在分析了系统结构、子系统的构成及数据处理过程中涉及的各个环节后，深入到互联网信息监测系统的细节中，探讨智能分词、文本聚类与分类，高可用性、访问代理等研究性较强的话题。

本书还列举了在互联网信息监测领域相关的厂商、代表性软件系统，以及与信息监测相关的知名的开源软件工具，从而帮助读者加深对相关行业及其动态的了解，为有志于开发互联网信息监测系统的企业和工程师提供参考思路。

笔者

2015 年 2 月

目　录

第1章 引 言

随着互联网的快速发展，网络媒体作为一种新的信息传播形式，已深入人们的日常生活。互联网已成为思想文化信息的集散地和社会舆论的放大器，网民言论前所未有的活跃，不论是国内还是国际重大事件，都能马上形成网上舆论。网民们通过网络来表达观点、传播思想，进而产生巨大的舆论效应，达到任何部门、机构、个人都无法忽视的地步。

1.1 互联网信息

互联网信息是通过互联网传播的公众对现实生活中某些热点、焦点问题所持的有较强影响力、倾向性的言论和观点，主要通过微博、论坛、博客、新闻评论、视频、社交网站等实现并加以强化。因此在非常多的场合，互联网信息又被称为互联网舆论情况，简称网络舆情。

当今，信息传播空前迅猛，网络信息的表达诉求也日益多元。如果引导不善，负面的网络信息将对社会公共安全形成较大威胁。对相关政府部门来说，如何加强对网络舆论的及时监测，以及对网络舆论危机的积极引导，对维护社会稳定、促进国家发展具有重要的现实意义。

在互联网影响力日益增大的今天，各级党政机关、企业、事业单位和学术机构都越来越重视对网络信息的监测、研究和引导。2008 年6 月 20 日，时任中共中央总书记胡锦涛在人民日报社考察工作时指出，“互联网已成为思想文化信息的集散地和社会舆论的放大器，我们要充分认识以互联网为代表的新兴媒体的社会影响力”。互联网已成为党和政府治国理政的重要新平台，网络舆论也越来越受到重视。

微博等新媒体开始流行之后，第一时间掌握相关信息和动态，无论对企业还是对国家机构，都有着至关重要的作用。最具有代表性的调查报告是2013年6月中国社会科学院新闻与传播研究所、社会科学文献出版社联合发布的新媒体蓝皮书《中国新媒体发展报告（2013）》。蓝皮书提出，2012年以来，中国新媒体用户持续增长、普及程度进一步提高，新媒体应用不断推陈出新、产业日趋活跃，新媒体的社会化水平日益提升、频频引发热点。新媒体的发展为人们的生产生活等带来了极大便利，但也出现了各种问题，如个人隐私泄露、不良信息传播、谣言层出不穷等，危害了网络环境，损害了人们对网络的信任。

蓝皮书提出，2012年，微博“国家队”异军突起，新华通讯社、人民日报、中央电视台等中央媒体齐齐发力，在微博舆论场尝试主导“微话语权”。截至2012年年底，新浪微博认证的媒体微博总数已经突破了11万个。中央媒体微博的崛起，改变了主流媒体应对网络热点时迟缓和失语的状态，提升了主流媒体的网络舆论引导能力。

中国微博用户整体呈现学历低、年纪轻、收入低、集中大中城市的特征。学生有9387万人，是微博用户的最大职业群体。月收入5000元以下用户占到总数的92.2%。其中，无收入群体人数最多，达到9183.5万人，这主要因为学生用户是微博最大的群体。

蓝皮书认为，不论是从相对数还是从绝对数上讲，新媒体都是最为主要的反腐倡廉事件的首次曝光媒介类型。从绝对数上说，反腐倡廉事件首次曝光于新媒体上的数量远大于首次曝光于传统媒体上的数量。其中，2010～2012年，反腐案件首次曝光于新媒体上的事件数量依次为67件、58件和31件，三年合计156件，是传统媒体的2倍。

蓝皮书认为，从微博意见领袖的信息来源来看，传统媒体仍是微博意见领袖的重要新闻源。对意见领袖微博的信息来源进行统计，其中转载传统媒体信息的比例最高，占48%，而意见领袖的原创帖占44%，转载他人（非新闻机构和个人）仅占8%。目前，越来越多的媒体也加入到微博阵营中来。传统媒体的加入，特别是杂志和报纸在微博中的突出表现，证明了在碎片化阅读的新媒体时代，传统媒体仍能凭借自身优势在内容生产上胜出，达到引领舆论的效果。

虽然网络反腐借由现代信息技术而具有传统舆论监督无可比拟的优势，但由于其自发性、匿名性、虚拟性和开放性的特点，也使网络反腐中存在的问题十分突出。网络举报信息鱼龙混杂，真假难辨。网络赋予了网民言论自由，然而，一部分网民却滥用网络言论自由权，或为了赚取眼球，或为了窥探隐私，或出于发泄私愤，发布虚假信息，进行不实举报。不明真相的“围观”网民以讹传讹，虚假举报也获得很高的点击率和数量可观的跟帖和转发，使网络反腐陷入真假难辨的混乱无序状态。纪检及相关部门不得不花费大量人力物力对真假信息进行甄别查证，造成原本就很有限的反腐资源的浪费。例如，2012年11月30日，有微博曝光“四川达县县委书记有9名情妇”，一时引起网友热议。但经过官方大量的调查取证工作，证实所反映的问题严重失实。

而未经查证的“网络曝光”和“人肉搜索”，容易侵犯公民隐私，对被曝光主体构成网络暴力。一些网络举报人为了使自己的举报“言之凿凿”，不惜详细罗列与贪腐内容无关的所有个人信息，将被举报人的真实身份和个人信息暴露在亿万网民面前，甚至盗用他人照片佐证自己的观点或主张，使被举报人及家人的工作和生活受到许多困扰。例如，网帖所曝“拥有24套房产”的“房婶”，经纪委查实，只不过是一个普通工程师，而其6套房产也都是合法所得。虽然当事人的清白得以澄清，但其“家庭房产情况一览表”等个人隐私已被曝光。又如，厦门某女大学生的个人写真照片被盗用成雷政富情妇照片被大量转发和“人肉搜索”，对其个人名誉产生了极恶劣的影响。

网络反腐低俗化、娱乐化倾向严重，给网络舆论环境带来负面影响。专家表示，当前，在部分党员干部中的确存在奢靡浪费、生活腐化堕落等腐败现象，但这仅是腐败现象的主要表现之一。实际上，腐败的表现形式还有徇私枉法、以权谋私、权钱交易、买官卖官等。但从近几年的网络反腐案例看，无论是经查证属实的案例，还是虚假的网络曝光，大多与“情妇”“二奶”“包养”等字眼联系在一起。究其原因，这样的“桃色新闻”更具眼球效应，更易引发舆论关注，更易形成社会倒逼，因而受到网民的热捧。

在处置突然爆发的互联网事件中，一些地方政府官员往往因为发现不及时，对其前因后果掌握不全导致危机处置严重滞后，错过了最佳处置时间，导致危机爆发，严重影响政府部门的工作形象。

1.2 互联网信息监测

互联网信息监测，又叫网络舆情监测，是对互联网传播的公众对现实生活中某些热点、焦点问题所持的有较强影响力、倾向性的言论和观点进行监视和预测的一种行为。具体讲，互联网信息监测是指整合互联网信息采集技术及信息智能处理技术后，通过对互联网海量信息自动抓取、自动分类聚类、主题检测、专题聚焦，实现用户的网络舆情监测和新闻专题追踪等信息需求，形成简报、报告、图表等分析结果，为客户全面掌握群众思想动态，做出正确舆论引导，提供分析依据。

提及互联网信息监测，就不得不澄清监测与监控的区别。通俗来讲，监控指的是对装备及系统的工作状态不间断地实时监测，并根据反馈信息自动对系统中异常部位实施相应措施的闭合自动控制作用。而监测，则指对装备、系统或其一部分的工作正常性进行实时监视而采取的任何在线测试手段。简单明了地说就是：监控比监测多了一个控制操作。对设备、系统我们常常强调监控手段，而对互联网舆论情况，系统能做的其实更多是采集和分析，具有对互联网动态信息的知情权，而非控制广大群众的言论。

1.3 手工监测的不足

政府、网警、企事业等全国大大小小很多部门，相继成立了专门负责网络舆论监测的机构，由专人组成若干小组，24 小时不间断地对重点网站、重点论坛进行监测。此外，对网络热点较集中的知名论坛、贴吧、微博，通过聘用“网络调研助理”等方式，密切关注网站动态。通过各层次、各领域建立起来的组织机构，从物质、制度、资金、人力等方面，保证了互联网信息监测体系的日常运作。但对于互联网信息监测与分析，这还远远不够。

互联网信息监测，首先是一个从互联网上获取信息的任务，属于“互联网搜索”的技术范畴。搜索引擎是迄今为止最为成功的互联网技术，能够在极短的时间内，根据关键词返回相应的查询结果。但它并不能满足互联网信息监测和分析的要求。一个典型的搜索引擎，是从互联网上探测并下载原始的文档资料，然后对这些资料进行去重、抽取、分词、索引、存储，最后提供全文检索服务。

（1）搜索的前提是“已知关键词”，对于监测问题，这个前提往往并不具备。比如，在得知“天价烟”这件事情之前是想不到“天价烟”这个词的，等想到这个词时再搜索，应对的条件可能已经丧失了。

（2）监测相当于“大海捞针”，但搜索引擎返回的结果动辄上千万个，还是一个“信息海洋”，而不是“针”，因此无法从中获得有针对性的信息。

（3）由于搜索引擎只能收录开放网站，大量需要登录才能访问的网站被排除在外，特别是论坛、微博等在用户工作业务中重点关注的内容，往往是搜索引擎的盲区。

（4）搜索引擎的收录时间长短不一，知名网站收录速度快（1 小时内），但地区性网站则收录较慢（24～72 小时）。

（5）搜索引擎只能提供结果集合的一部分，比如 Google 最多只能翻 100 页，百度也不超过 76 页（760 个结果），因此无法保证检索结果的完整性。

（6）搜索引擎无法自动化，即用户每次都需要手工录入关键词，而与一个部门、企业相关的关键词数量是非常多的，其关键词的两两组合数量更是惊人。依靠用户每次手工录入后，肉眼查看结果，并在众多冗长的结果中翻页，设法找出与上一次搜索的不同，不仅劳民伤财，而且极不准确。

人工监测与系统监测的对比如表 1－1 所示。

表 1－1　人工监测与系统监测对比表

比较指标	人工监测	采用互联网信息监测系统
目标网站	几十个	几千个几万个
人力成本	需分别登录各个网站，手工查阅，还要手工复制粘贴，疲于奔命	网络信息的获取工作完全由软件自动进行，监测人员只需集中进行内容的浏览与分析，遇到紧急情况，系统将直接给用户推送短信
敏感信息识别	需要人工逐条查看确认	在自动判别的基础上再人工确认
信息保存	零碎，不可避免会出错	精确、全面，便于事后追踪
数据存储	Word 文件，分散，很难管理	统一存放在大型关系数据库中，集中管理
监测报告	基于手工统计和估计，数据支持不充分	基于自动化的统计分析，图文并茂，具有翔实统计数据支持，可以每日、每周、每月出报告
监测效果	覆盖片面，不及时，浪费人力资源	覆盖全面，及时，几分钟到几十分钟自动化、系统化

1.4　互联网信息监测系统

由于互联网具有虚拟性、隐蔽性、发散性、渗透性和随意性等特点，越来越多的网民乐意通过网络渠道来表达观点、传播思想。当今，信息传播与意见交互空前迅捷，网络舆论的表达诉求也日益多元化。对相关政府部门、企事业单位、社会名人、事件相关人来说，如何快速获知与己相关的网络信息，进而加强对网络舆论的及时监测、有效引导，以及对网络舆论危机的积极化解，对维护社会稳定、促进国家发展具有极其重要的现实意义。

不同企业的网络信息监测流程可能不完全一样，但大致都可分为以下三个部分。

（1）制定危机预警方案。针对各种类型的危机事件，制定比较详尽的判断标准和预警方案，以做到有所准备，一旦危机出现便有章可循、对症下药。

（2）密切关注事态发展。保持对事态的第一时间获知权，加强监测力度。可以通过自动化的信息监测技术，在第一时间大量采集、汇总各种互联网上的信息。

（3）及时传递和沟通信息。与舆论热点所涉及的政府相关部门保持紧密沟通，建立和运用这种信息沟通机制，已经成为网络舆情管理部门的重要经验。以上海为例，无论是在地铁调价，还是在普陀城管打人等“网络热点”问题的处理上，都能做到各部门协同作战、相互配合、共同商议，判断危机走向，对预案进行适当修正和调整，以符合实际所需，这是危机应对的重要措施。

网络舆论的联动应急机制，指政府管理部门及其他相关职能机构，对网络舆情尤其是负面舆情的监测预警与控制，从而有效化解网络舆论危机。联动应急机制往往包括监测、预警、应对三个环节。在监测环节，有关人员和系统对网络舆情的内容、走向、价值观等方面进行密切关注，将最新情况及时反映到有关部门。在预警环节，对内容进行判断和归纳，对正在形成、有可能产生更大范围影响的舆论进行筛选，为接下来可能发生的网络舆情走向做好各种应对准备。在应对环节，当网络舆情变为现实的网络舆论危机事件后，有关政府部门应采取具体行动。这三个环节有机组合，从整体上构成了网络舆论联动应急机制。

就技术保障而言，要监测互联网信息，少不了及时有效的信息搜集、信息处理、信息研判、信息反馈、信息决策系统。对互联网信息的监测与分析必须要浏览和查找海量的网络信息，包括网络新闻报道、相关评论、网络论坛等，从这些信息中提取与事件相关的内容，然后分析信息的时间与空间分布情况。随着互联网技术的不断更新，网络信息的监测和分析有必要通过与之相匹配的科技手段来进行。

互联网信息监测系统是针对互联网这一新兴媒体，通过对海量网络舆论信息进行实时的自动采集、分析、汇总、监视，并识别其中的关键信息，及时通知到相关人员，从而为第一时间应急响应敏感信息提供帮助的信息化系统。

1.5 全文组织结构

本章介绍了互联网信息、信息监测以及信息监测系统的概念，理清了不同概念的内在差异和相互关系。同时，比较了手工监测方法与使用软件系统自动化监测方法的差别。

接下来的第 2 章，根据实际项目经验，归纳整理了一般企业用户在互联网信息监测上的功能性与非功能性需求，并以媒体监测、信息推送、咨询分析、监测规则管理为重点展开叙述。

第 3 章在常见企业用户需求的基础上，开展需求分析和软件系统的设计，给出了具体的解决方案，并列举了互联网信息采集、海量信息管理与检索、多维分析与机器挖掘等多个子系统的技术特点及设计要点。

第 4 章从数据处理流程的角度，解释 HTML 网页信息的抓取，网页正文提取，结构化内容解析，中文、英文、维文等多语言支持，以及文本中的命名实体识别等技术环节。

在分析了系统结构，子系统的构成，以及详细的数据处理环节后，第5章深入到互联网信息监测系统的多项关键技术中，探讨智能分词、文本聚类与分类，高可用性、访问代理等话题。这些话题具有较强的研究性，不同方法或思想也无明显的优劣之分，更多的是结合具体用户的实际情况，以及项目技术的特点，因地制宜。

在第6章和第7章中，列举了在互联网信息监测领域相关的厂商，代表性产品，以及相关的、知名的开源软件系统，从而帮助读者加深对相关软件产业动态的了解，并为有志于开发互联网信息监测系统的企业和工程师提供参考思路。

最后，第8章总结全文。

第 2 章　常见企业用户需求

研发软件系统的过程中，确定需求是首要的步骤。本章根据实际项目经验，归纳整理了常见的企业用户需求。

近年来，互联网媒体的开放性和自由性大大提高，个人用户能够使用多样的新兴网络传播手段无限制地发布和散播各种信息，对社会舆论造成的影响也在不断扩大，极端情况下会对企业的运营产生无法预料的正面（或负面）影响。

随着公司的业务不断发展壮大，员工队伍也在快速地扩充增长，这就迫切要求公司能有相应的监督机制，能够快速从互联网中获取对公司造成负面影响的动态信息，以及甄别出涉及公司层面的信息安全的潜在危险行为，在事态扩大之前及时介入处理并采取相应措施以减少影响。

另外，公司的市场部门也非常需要实时了解网络媒体反映的服务热点，关注行业竞争对手的市场策略及动态，以辅助市场拓展活动的顺利开展。为此，某企业拟开发一套互联网信息监测系统对互联网媒体信息进行及时全面监测，实现运营服务保障监督。

互联网信息监测系统应该具备以下特性。

（1）权威性：应该考虑选择具有较高权威性或影响力的媒体，以客观反映实际服务状况。

（2）全面性：选择的媒体应该能够覆盖所有的省份、自治区和直辖市，从而可以作为比较、考核的参考。

（3）快速响应：为了及时了解、跟踪相关事件并做出反应，相关监测系统必须能够满足快速响应的要求。

（4）新媒体适应性：项目方案应该结合互联网新媒体的传播特征，对于一些新的传播形式要有所涉及和体现。

2.1　业务功能需求

2.1.1　媒体监测

互联网信息监测系统的监测对象主要是互联网上的信息载体，包括传统媒体和新兴媒体两个部分，数据来源有以下几项。

（1）传统的网络信息载体，包括大型门户网站的新闻报道、各大报纸杂志的电子站点、相关行业专业网站等。

（2）新兴的网络媒体，包括各类网络论坛、虚拟社区、博客站点、贴吧、微博、网络空间等信息发布的站点。

（3）监测语言包括中文简体、中文繁体、英文。

（4）通过配置实现监测网站的指定频道，如新浪科技、新浪城市等。

（5）搜索内容及范围较大，冗余重复的信息会很多，需要能够从多个角度过滤冗余信息。通过配置过滤掉垃圾链接、广告信息，不采集过于久远的网页信息，通过关键词过滤掉无关的信息。

[功能点要求]

2.1-1　可根据网站的权威度分级，可同时监测网站的数量下限为 500 个。

2.1-2　可根据信息发布对象对监测的网站进行分类。

2.1-3　根据不同类型网站或发布对象对关键词进行区别配置。

2.1-4　查询时，要求支持多关键词匹配，也支持由空格、标点符号等隔开的关键词组合查询。

2.1－5　可以根据网站的类别和级别配置不同的采集策略（如采集频率）。

2.1－6　可以动态增加或者删除需要监测的网站列表，并且能够提供友好的界面配置新增的网站。

1. 传统媒体监测

传统媒体监测的数据源主要包括以下几项。

（1）大型门户网站：主流门户站点如新浪、网易、搜狐、腾讯等。

（2）报纸杂志的电子站点：基于国家新闻传媒体系，以中央及地方具有发行量大、覆盖面广等特点的传统核心平面媒体为首要监测对象，具备纸媒和网站双重信息发布渠道的优先监测，如《人民日报》《经济日报》《南方都市报》等。

（3）行业专业网站：如赛迪网、通信产业网、泰尔网、中国计费网等。

（4）消费者服务类网站：如消费者网等。

[功能点要求]

2.1－7　自动消重。系统支持对内容相同或相近的多条信息进行查重处理，剔除重复信息，仅显示一条信息，同时显示有哪些网站转载了此信息。

2.1－8　自动摘要。信息的摘要根据文档内容自动产生，用户通过摘要即可判断是否需要打开浏览，节省时间，提高效率。

2.1－9　自动关联。根据用户所浏览的不同网页内容，自动关联与之相关的其他信息，从多方位围绕用户的兴趣点提供信息服务，增强信息服务能力。

2.1－10　支持关键词检索和自然语言检索，用户可通过输入词、句子、段落来查询，保持优秀的查准率、极小的冗余率和快速的收敛能力。基于内容的智能分析算法，排除冗余的相似信息。

2.1－11　自动分类。通过关键词、句子、段落等来产生动态的分类结果。分类的创建、修改、删除等操作要灵活、快捷，扩展性强。可提供不同的分类结构，供不同的用户使用。能够根据新闻内容发现最适合的分类并自动打上分类标记，以便进行后续的处理、统计或归档。

2.1－12　自动聚类。能自动将大量相关内容或类似数据集中到一起形成统一的集合。可识别含有相似概念的信息，自动对信息分门别类。能通过转载次数、回帖数、点赞数等统计某信息的扩散程度。

2.1－13　可以按照信息的时间、内容、相关度、用户兴趣关联度等多种手段排序。

2. 新兴媒体监测

结合“草根传播”特征适当选择有影响力的论坛和博客，尤其要监测论坛的热点话题，以及新媒体每日推广的热点新闻或专题。

新兴媒体监测的数据源主要包括以下几项。

（1）网络论坛：各类综合性及专业性论坛，如天涯论坛。

（2）虚拟社区：包括BBS、公告栏、群组讨论等。

（3）博客站点：包括个人博客、企业博客、政府博客等。

（4）贴吧：各大网络贴吧。

（5）微博：个人微博空间，如新浪微博、搜狐微博、腾讯微博等。

（6）SNS：网上交友空间。

［功能点要求］

2.1－14　可根据网站的权威度分级。

2.1－15　可根据信息发布对象对网站进行分类。

2.1－16　根据不同类型网站或发布对象对关键词进行区别配置。

2.1－17　查询时要求同时满足多关键词时通过空格或逗号隔开。

2.1－18　可支持配置各类需要监测的新兴媒体站点。

2.1－19　按照信息的时间、内容、相关度、用户兴趣关联度等多种手段排序。

2.1－20　可以支持对同一作者和主题的跟踪分析。

2.1－21　提供友好的 Web 2.0 类网站的监测策略配置界面。

3. 监测方式及内容

支持全网监测和定点监测两种方式。全网监测是基于知名搜索引擎进行的，而定点监测是基于用户所配置的具体的网站列表进行的。

搜索引擎能够根据用户的需要整合各个网站的新闻数据，无论数据是来自国内还是国外。通过对新闻内容的理解，实现自动化的敏感、热点信息发现和信息的主动推送。自动搜集来自互联网的各类信息，其中包括网站、论坛、博客等各类网络媒体信息。并可以完全智能地对这些信息进行分析加工，及时将有价值的信息发送给相关的人员进行分析。

对于监测的信息应包括标题、报道媒体、类别、地区、链接、摘要、简评、刊登日期等，对象主要是总公司及其竞争对手，各省地分公司。另外还包括中央及地方政府对于产业、市场、大环境的相关政策和法规等。重点监测内容有以下几项。

（1）中央及地方政府发布的针对产业市场的政策信息。

（2）用户服务支撑状况，包括商场实体店、400 热线、淘宝网和天猫网店等。

（3）外界对上述服务的评价，如服务便利性的肯定、褒扬、埋怨或投诉等。

（4）外界对公司商品的价格、质量、设计、外观、可用性的评价。

[功能点要求]

2.1－22　上海、天津、重庆、广州、深圳、成都、武汉、济南 8 地的区域性媒体在消息出现后 X 小时内，提供监测资料，其他区域性媒体在消息出现 Y 小时内提供监测资料。

2.1－23　对于监测的时限要求，整体都服从相同的原则，即可以实现系统灵活配置，上下门限的设定为：监测级别最高的网站或地区（网站个数控制在15个之内，地区控制到10个之内）要求在1小时之内反馈最新信息，监测级别最低的网站在24小时之内反馈最新信息。

2.1.2 信息推送

系统不仅可以自动查找所需信息，而且可以足够灵敏地将重要信息筛选出来，推送给相关人员。系统可以高效、准确地获取用户感兴趣的信息，将信息和感兴趣的人共享，并且将这些整理成演示文稿、报表和电子表格以便后续使用。

对于下文中提到的重大事件、异常事件，定义如下：

（1）转载量达到门限值，该门限值可以在前台配置。

（2）符合满足该类事件的关键字规则设置条件，该规则可在前台配置。例如，出现关键字“315”“消费欺诈”“消费者投诉”等。

1. 常规输出

定期输出“监测日报”“监测周报”以及“监测月报”，均为电子版，并自动发送给相关人员。节假日也需要进行不间断的监测，特别是重大事件需要短信提醒以增强及时性。系统对不同单位、不同部门的多位报告接收人实现灵活配置，可以配置多个接收地址，用逗号或分号隔开。

各类报告必须使用标准的模板。在日报、周报和月报发送中，需要提供重点新闻的摘要，需要系统界面提供反馈机制，人工确认有效的媒体信息可进行标识并出现在报告中。

报告发送后，系统立即向报告接收人发送手机短信通知，以提高处理时效性。每周一将上周情况汇总成电子报表（Excel），每月1号将上一自然月情况汇总成电子报表，以邮件方式发送给指定邮箱。

2. 平台展示

网站平台可以支持实时输出，每天以网站平台（依靠账户和密码）的方式，发布最新的监测情况。用户可以登录网站平台对相关信息进行查询，并下载至个人终端。

［功能点要求］

2.1－24　可以按监测对象、时间、关键字等方式提供监测检索查询。

2.1－25　强调异常事件和最新监测情况，系统将监测到的最新异常事件放在最顶部，然后按照媒体类别列出最新的监测情况。

2.1－26　对于重大的事件，用特殊字体（例如红色粗体）予以显示。

2.1－27　支持个性化配置，如某用户只需关注某几个关键词的监测结果。

3. 预警提醒

提供预警界面供查询，并可配置需要通知的联系人和联系方法。预警信息支持分级。预警信息及时通过邮件、短信等方式发送给相关人员。此外，系统会在发送的文档中插入链接，通过链接主动告知用户额外的信息源，推荐相关的文章及与其兴趣相关的站点。

4. 紧急输出

重要、重大的情况指的是出现较严重的服务异常情况（例如故障时间较长、涉及地域较大、影响极其恶劣），由重要媒体或多家媒体报道。

系统在监测到该信息后，应立刻短信上报公司的相关接口人，并将详细监测结果发送至指定电子邮箱。严重的负面报道需要立即邮件通知相关部门负责人，同时短信通知到接口人。详细资料包括异常类型、地域与时间、媒体发布与转载情况（媒体列表、互联网链接、网友回帖热度、字数统计）等。

2.1.3　咨询分析

对于系统检索收集到的各类信息，可以实现通用的咨询分析功能。咨询分析模块需要以柱图、饼图、折线图方式，针对用户关注信息和业务分析结果进行可视化的展示。具体区分为分类统计、地域分析、热点分析、趋势分析、服务评价分析、竞争对手分析、重大事件分析共计 7 个子模块。

1. 分类统计

支持对某周期内负面报道类别分布情况进行统计，相关性分布进行统计。按周期（日、周、月）查询并显示重大事件报道情况，包括重要事件简要描述、分布地区、主要报道媒体等。

对信息内容进行分类，对监测情况进行统计分析，需要以图形的形式进行展示。需要提供多种图形展示方式，包括饼图、柱图、折线图等。

[功能点要求]

2.1－28　支持按不同单位进行分析，按时间段周期（日、周、月）统计负面报道的次数。

2.1－29　支持按照信息来源进行分类，如门户网站、博客、论坛等。

2.1－30　支持按照地域进行统计，如 32 个省、自治区、直辖市及港、澳、台地区。

2.1－31　支持按关键词进行统计，用户可以自行输入关键词。

2. 地域分析

基于信息内容的发生地点（或地域）进行维度的统计，并予以图形化显示。

[功能点要求]

2.1－32　支持对某类信息按地域分布情况进行统计。

2.1－33　支持对某类相关性分析，按地域分布情况进行统计。

3. 热点分析

系统用户可以通过输入热点词、关键词来筛选所关注的热点信息，将信息所涉及的各种报道、关联方面都予以全面的展示。

前台界面通过曲线图显示该词语在某个时间段的变化趋势，图形化显示。让用户真正通过热点词来掌握网络舆论变化情况。

4. 趋势分析

系统可以根据信息内容进行一定的趋势分析，趋势分析包括以下几个维度。

(1) 时间：可以设定时间段（日、月、年），对时间段内的信息量进行趋向走势的分析，可用折线图显示。

(2) 关键词：可按照设定好的关键词，对限定时间段内的与关键词相联系的信息进行趋势分析。

(3) 地域：设定地域范围，对限定时间段内的该地域内的信息量进行趋势分析。

(4) 竞争对手：设定具体的竞争对手名称，对限定时间段内的该竞争对手的信息量进行趋势分析。

5. 服务评价分析

针对包括本公司在内的各大同行企业的服务评价类信息，可以进行基础的分析功能，例如：①将评价信息区分为好评和差评，设置不同的级别予以评定；②将评价信息区分为不同的服务内容进行评价，如质量、价格、态度、折扣、礼盒包装等；③将评价信息区分为不同的属性进行评价，如便利性、体验度、创新性等。

6. 竞争对手分析

针对公司的竞争对手的信息，可以进行专门的分析。对所收集信息进行分类汇总，并根据信息的内容属性进行评价分析。

7. 重大事件分析

如当月发生重大事件，则需要针对重大事件进行分析。针对该重大事件的起因、发展过程、相关影响、涉及方面、处理结果等进行全方位的信息搜集，并提取相关信息，形成较为详细的专题报告，推送给所配置的接口人。

2.1.4 规则管理

规则库为媒体监测模块提供信息采集和筛选的依据，需要不断地更新数据源、关键词等信息。用户将随着系统的不断运行和案例的不断分析总结，逐步完善和丰富监测规则，满足更有效的信息监测。

系统提供灵活的配置功能，以便于对各类规则的属性进行灵活的配置。系统支持动态制定与媒体监测相关的各种监测对象、内容和方式，各类规则在配置后立即生效。新规则生效后，在一定时间内需要保留旧规则以便回退。

1. 监测对象配置

监测对象主要为互联网上的信息载体，数据源包括各大门户网站的新闻、各类报纸杂志、各类网络论坛、博客、贴吧、微博等信息。

2. 关键词配置

系统支持配置各类敏感关键词，作为信息监测搜索的依据。关键词支持优先级配置，系统根据关键词的优先级对信息的重要程度进行分级，并进行相应的预警和展示。

3. 公参批量导入

由于监测对象、关键词等参数通常数据量比较大，要求系统除了支持操作人员手工分条录入（单条逐个录入或修改）外，还能够支持大批量配置的参数修改，支持前台的批量导入，即通过预先设定的标准模板，允许将更新后的数据表直接导入到系统中，并更新后台参数库，及时生效。

4. 监测方式配置

支持全网监测和定点监测两种方式。全网监测是基于知名搜索引擎进行监测，而定点监测是基于用户所配置的网站进行监测。

5. 报告发送配置

对于监测到的信息，当满足设定条件后，系统需要将信息推送给相关接收人，以供后续处理。

系统支持三种方式的信息推送：前台展示、邮件发送和短信通知。系统可以对邮件发送和短信通知的接收人进行配置，包括邮件接收地址和短信发送手机号码。对于报告发送的接收人，可设置多个级别，地址和信息都可以在系统前台配置。

[功能点要求]

2.1-34　第一级接收人直接接收系统自动发送的日报、周报、月报。

2.1-35　需要第一级接收人在收到报告并核阅后，决定是否发送给下一级别的接收人。系统前台需要有人工触发向其他级别接收人自动发送报告和短信的功能键。即第一级接收人在确认要向其他级别接收人发送报告后，登录前台选择需要发送的对象，通过点击人工发送键，就能够由系统向选择好的接收人推送报告。

2.1.5　用户权限配置

对于登录访问系统前台的用户，需要支持角色和权限的配置。为访问人提供多种角色和权限，可以由管理员在前台进行灵活的配置和调整，以便控制用户的合理使用。

2.2　非功能性需求

互联网信息监测系统要求在主机系统和数据库安全性、程序日志记录等方面遵循萨班斯法案，且系统应具有良好的可维护性和高可用性。前台界面风格统一、前台使用方便，同时要求系统具有可扩展性、灵活性和安全性。

系统不应存在单点故障。要求系统持续稳定生产，在发生故障的情况下系统能够不间断地运行，不产生任何影响生产的错误。这里的系统包括硬件系统（主机、网络）和软件应用系统（含外围系统）。

要求系统具备较强的抗干扰能力，包括主机意外宕机、传输包意外丢失等情况，要求处理结果不因为这些异常情况而发生变化，不能出现重单、错单等情况，系统延续性良好。

系统应保证所有日常的公参、数据、程序模块的驱动等均采用参数化驱动，接口设计应有较好的可扩展机制，模块之间尽量采用松耦合，可以启动多个程序同时处理。避免由于业务扩展导致接口程序的结构性调整，支持多种数据的交互，包括与不同系统的数据接口和文件接口，增加新业务和新功能不影响现有系统的运行。

2.2.1 应用安全性

[功能点要求]

2.2-1 账号管理。应用具有安全的密码接口，账号密码强度必须符合用户企业的信息化标准，如长度、复杂度、更改周期和非复用性（记录历史密码），具有账号自动锁定功能，锁定输入密码错误达一定次数的账号，或锁定长时间不使用的账号。

2.2-2 数据机密性。可定义系统中所有数据的密级并进行读、写控制。可定义不同密级的数据。对敏感数据访问、导出、转存进行控制，只有经授权方可访问、导出、转存。默认情况下导出数据必须具有可追踪性（比如防止复制和截屏、加水印、加密）。

2.2.2 数据保存要求

需要保存的数据主要分为四大类：①采集的原始数据；②过滤后得到的敏感信息；③系统二次加工生成的报告、报表等信息；④监测主题、规则、关键词、网站配置等信息。

为了对历史数据进行查询，对系统输入、输出、审计数据进行完整备份。同时为了便于查询处理，在线数据应完整，对在线数据有严格的保存时限要求。

[功能点要求]

2.2-3　预警信息保留2年，原始采集数据保留3个月。应用日志保存3个月，并对所有系统接收、发送数据作永久备份。

2.2-4　为避免比较旧的新闻链接打不开，需要备份的信息应该是相关新闻的文档或保存网页快照。

2.2-5　日、周、月报需要备档到大数据存储平台，以便后续查找。

2.2-6　系统提供收藏、手工标注注明经典案例标识功能，将经典案例或者影响较大的报告直接加入经典案例库。

2.2-7　数据统计分析部分的数据在线保存时间为2年。

2.2-8　系统处理审计信息和平衡检查信息在线保存12个月，并作永久性备份。

第 3 章　系统设计

第 2 章从用户的角度出发，列举了常见企业用户的比较典型的需求。本章将在此需求的基础上，展开需求分析和系统设计工作，搭建服务于用户公司的互联网信息监测系统。

互联网是现代社会信息发布、交换和获取的重要渠道，各类对企业发展有重大影响的信息，也大量通过互联网发布、交换和获取。对互联网上的上述信息进行监测，及时发现、预警、分析这些信息，并链接到企业的业务工作中，进而形成面向互联网的舆论监测业务体系，已经是大势所趋。

随着用户公司业务的不断发展，迫切要求从互联网获取动态信息，在事态扩大之前及时处理信息安全问题。实时了解网络媒体反映的服务热点，关注市场及行业动态，准确把握用户对服务质量的评价，为服务质量改进方向提供指导。为此，需要建立一套互联网信息监测系统，从而对互联网媒体信息进行及时、准确、全面的监测，保证运营服务的顺畅运转和有效监管。系统具有以下技术特点。

（1）全面支持数百个网站的文字、图片、视频等信息的实时抓取，可以同时支持 500 个以上网站信息的并行抓取。

（2）支持检索结果中自动显示抓取或检索得到的信息所在网站的 IP 地址、地理位置。

（3）实现中文自动聚类、自动分类、智能摘要、网页正文提取、文章相似度分析等功能，自动聚焦网上热点信息，并以信息图表展现结果。

（4）自动生成正负面语料，配置预警参数和布尔逻辑建立关联规则，及时发现增长异常的事件、突发事件、涉及内容安全的敏感话题。

（5）提供每日简报和即时简报的辅助制作功能。

（6）系统使用配置的方式对监测范围、监测对象进行定制与调整。

（7）避免由于单点故障或系统的升级而影响整个系统的正常运行；系统在每周 7 天，每天 24 小时内保证可用，平均故障间隔时间应超过 3 个月。

3.1 系统结构

互联网信息监测系统的要求是多方面的。从技术角度讲，互联网信息监测系统是一个复杂的大规模软硬件系统。本系统面向具体业务需求，能快速检测大量传统媒体网站与新兴媒体网站，处理海量的互联网数据，根据可灵活配置的规则，为每个用户或部门提供与其业务、兴趣及个性化设置相关的报告、分析、关联性阅读。

（1）从内容处理的角度讲，要在海量的互联网信息中运行大量的智能文本处理程序，提取出覆盖日常业务及每日各种关注点的新闻、论坛、博客、微博等。

（2）地域上，要覆盖各省的媒体站点，上海、天津等 8 个大城市，以及全球所有国家在内的各种互联网新闻事件。

（3）业务逻辑上，要能为每个部门及用户提供与其兴趣相关、配置相关且业务相关的事件，支持其审阅、收藏、向上级汇报。Web 交互方式上，要支持多种检索及排序算法，支持机器学习的改进流程，支持关键词及热点的自动分类与推送。

（4）咨询分析上，要能够提供基于统计的、紧急/重大事件的、服务评价的、竞争对手相关的、全国及各省份各重要城市的地域性分析。

(5) 数据集成上，要能接入来自用户企业内其他业务系统的异构数据，并依据匹配规则将信息有效关联。

(6) 安全上，要能保证用户、系统、网络传输与其他部门数据接口间的安全，且能支持审计日志、支持灾难恢复避免单点故障。

同时，随着互联网技术的日新月异，大量新需求不断涌现。这包括传统媒体内容的不断推陈出新，新兴媒体与 Web 2.0 交互方式所带来的庞大信息量，以及用户企业内部相关业务系统的数据接入与关联集成。这些新需求，仅通过现有系统的日常维护和修补式开发，已经无法满足。因此，迫切需要全面更新系统的 Web 交互处理流程、加强组合式网络信息获取技术的研发、引入对相关业务系统数据的集成支持并显著提升系统对海量信息的存储、检索、分析、关联能力。

我们秉承严谨求实的态度，在认真分析理解用户需求的基础上，对当前正在运行的用户公司相关工作（全手工的及半手工的），进行了深入细致的调研及技术剖析。根据软件研发、部署实施、技术支持等方面的经验，多遍认真阅读用户需求材料、多次开会研讨后，提出一个从内到外全方面优化改造系统的技术方案。

本系统包含四个逻辑层共五个子系统，以及两组技术保障机制（如图3-1所示）。位于系统最底层的是分布式网络信息采集子系统，该子系统主要负责从各种网络数据源中采集数据。目标数据源包括传统媒体网站如新浪网、新华网、人民日报网、赛迪网、消费者服务网站等；新兴媒体网站如贴吧、博客、微博等，业务对接系统为运行在用户企业内部的信息系统。独立研发可高效采集互联网 Web 1.0 网页及 Web 2.0 交互内容的分布式网络信息采集系统。采集系统具有很高的可扩展性，能适应系统初始阶段的小规模积累性采集和中后期的大规模采集。同时，系统中经过多次优化的爬虫抓取策略，能在较低的带宽情况下，保证采集数据的及时性、全面性和准确性。

往上一层，由多维分析与机器学习子系统和海量信息管理与检索子系

图 3－1　互联网信息监测系统体系结构图

统组合而成。这两个子系统承担了非常重要的工作。首先，它们需要取出原始信息中的广告、边栏、导航等无关信息，并自动生成摘要，从而把一个 HTML 网页内容给结构化为可供后续分析和阅读的结构化信息。其次，它们还需要在海量的文档库里去除重复的冗余的信息，执行全国范围的、省市的、业务相关的、关键词相关的各种分析功能，并完成预警，生成报告和咨询分析等工作。最后，互联网上每小时新发布更新的信息都是海量的，系统必须具有高可扩展性，能承担 TB 级别的原始数据存储、查询及管理。

在这一层之上的，是权限与接口管理子系统。互联网信息监测系统，是一个业务性很强的系统，因此在每一个环节，都需要检查用户权限并自动记录审计日志，从而保证所有的操作都是可跟踪的。此外还要跟其他部门的数据系统做安全的数据交互，并提供安全的可配置的 Web Service。

最上面一层，是整个互联网信息监测系统的 Web 交互子系统。所有的用户，包括不同级别、不同部门的接口人，都可以通过 Web 方式，简单便捷地在系统上执行操作，配置规则，阅读和审批信息，浏览咨询分析，编辑文档等。包括用户权限的配置和调整，公参的批量导入和导出，都可以通过 Web 来开展。

除了这四层共五个子系统外，整个体系结构还提供了两个全程保障模块。左边的是系统性能模块。该模块负责监控整个系统的软硬件规模，判断存储设备的利用率。随着原始数据的日积月累，当数据量接近系统存储的上限时，会提示用户扩展服务器硬件，并保证系统能自适应硬件体系结构的扩展。同时，本模块还会执行和检查系统备份，记录审计日志以保证发生故障时能够安全地回滚。另一个子模块是系统安全模块。当整个系统大部分软硬件都放置在外网，暴露在整个互联网中时，系统是最容易被黑客攻击和篡改的。安全模块能够很好地保证用户账号、系统软件、文档和数据的完整性不受侵袭，同时也提供了强有力的机制，以审计日志的方式保证了文档的每一个改动都是可问责、可追踪的。

3.2　分布式网络信息采集子系统

为确保不仅能够全面、快速、准确地获取到传统媒体的发布信息，而且能检测到新兴媒体站点中的相关内容，更为了能够从用户企业内其他业务系统中获取数据，需要对互联网信息监测系统现有的分布式网络爬虫做功能升级，设计和实现一个功能更加全面，数据包容性更强的分布式网络信息采集系统。

3.2.1 网络爬虫

网络爬虫是一个很形象的名字。把互联网比喻成一张网，那么网络爬虫就是在网上爬来爬去的爬虫。网络爬虫，从网站某一个页面（通常是首页）开始，读取网页的内容，找到在网页中的其他链接地址，然后通过这些链接地址寻找下一个网页，这样一直循环下去，直到把这个网站所有的网页都抓取完为止。如果把整个互联网当成一个网站，那么网络爬虫就可以用这个原理把互联网上所有的网页都抓取下来。

爬虫是一种“资源密集型”的程序，需要消耗大量带宽资源、计算资源、存储资源等。根据公司市场发展情况，随着客户的增加，公司可控的计算资源和带宽资源将随之增加。在目前条件下，利用这些可控资源不仅是安全、低成本的，而且其应用模式可以扩展到未来更多的客户资源，或者过渡到全部由公司自有的网络环境下。

我们要爬行的网络媒体有很多种类，包括单纯发布型的新闻网站，带有交互性内容的新闻网站，以交互式内容为主的论坛、社区、微博等网站。从内容上，有以文字为主的，有以图片为主的，还有以视频为主的。要针对每一类网站实现最有效的爬行，需要针对每一类网站，设计专门的爬虫，故称之为“分类爬虫”，比如定点爬虫、论坛爬虫、视频爬虫等。

不同于早期互联网应用的是，近年来越来越多的 HTML 变得“动态化”了，越来越依赖浏览器的解释能力，而不是 HTML 标签本身的功能来展示信息，这给传统的网络爬虫带来新的挑战。

针对互联网上的两类 HTML，我们将目前网络上通过浏览器能够访问的所有信息，分为 Web 1.0 和 Web 2.0 两类。简单地讲，除了 Web 1.0 的部分，都是Web 2.0。其中，Web 1.0指网络上那些以“网站发布”方式产生的信息，其典型代表是新闻网站。

网络爬虫是大规模搜集网页信息的技术，几乎随着互联网的产生而产生，基本原理就是沿着URL链接构成的链路，遍历网络上的每一个URL所代表的页面，从而达到完整收集网页信息的目的。

爬虫从一个“起始URL”出发，执行三个动作：①下载页面；②提取页面上的Out Link URL；③归并所有Out Link URL，就是URL分析（当然，URL分析不像这样简单，比如通过分析Out Link和In Link计算PageRank，确定网页的重要性等），并作为下一次爬行的目标。这样，每个轮次都是从一组URL出发，获得页面，并产生下一个轮次的URL，就可以从一个URL出发，沿着一个巨大无比的“图”的边，进行Web的遍历。

爬虫设计和实现中，最大的挑战是对URL的归并。一般的爬虫采用“宽度优先”策略进行遍历，由于URL数量随着轮次增加呈指数增加，几个轮次后，URL表就变得非常庞大了，因此，不仅需要高效的归并算法，更需要巨大的存储支持和计算资源。

以上仅仅是一个Web爬虫的雏形，在此基础上，一个真实的爬虫还需要解决更多的问题。例如：

（1）资源类型的问题。网络上的信息，主要以HTML页面为主，但还有大量的其他格式的高价值信息，比如PDF文档、Word文档等。首先，对这类资源的下载方式就不同于HTML；其次，要实现对这些文档资料的分析和索引，就需要专门的解析技术。

（2）搜索策略的问题。搜索策略方面，一般倾向于采用广度优先，这有利于搜索范围的覆盖面，当然问题也是很明显的，因此要结合其他方法，比如重要性高的网页优先等原则。

（3）动态网页的问题。传统的搜索引擎都采用HttpClient，采用HTTP协议发出请求即可获得完整的HTML应答。随着动态网页的大幅度增加（如Ajax技术），简单的HTTP请求已经很难获得完整的HTML了，比如采用了 Ajax 的新闻页面，只有在浏览器窗口滚动到评论区域时，才加载评论，而且，评论内容可能还随时动态更新。当前尽管也已有 HtmlUnit 等新的工具技术，支持对 Ajax 的解释和 DOM 文档的构建，但总体来讲动态交互式网页对爬虫仍然是一个巨大的挑战。

对于搜索引擎来说，要抓取互联网上所有的网页几乎是不可能的，从公布的数据来看，容量最大的搜索引擎也不过是抓取了整个网页数量的 40% 左右。这其中的原因一方面是抓取技术的瓶颈，无法遍历所有的网页，有许多网页无法从其他网页的链接中找到；另一个原因是存储技术和处理技术的问题，如果按照每个页面的平均大小为 20KB 计算（不包含图片），100 亿网页的容量是 100 × 2000GB，即使能够存储，下载也存在问题。按照一台机器每秒下载 20KB 计算，需要 340 台机器不停地下载一年的时间，才能把所有网页下载完毕。同时，由于数据量太大，在提供搜索时也会有效率方面的影响。因此，许多搜索引擎的网络爬虫只是抓取那些重要的网页，而在抓取的时候评价的重要性，是这些网页链接深度的依据。

与普通搜索引擎不同的是，本系统前端实际上包括两个爬虫，一个是面向普通网站的 Web 爬虫，另一个是面向论坛网站的论坛爬虫。无论是 Web 爬虫还是论坛爬虫，在面向网络信息监测任务时的要求，都与普通搜索引擎有很大不同。区别在于，本系统的网络爬虫需要提高探测的灵敏度，不要求下载所有网页，但必须快速探测出哪些网页有更新，并及时下载到本地。

（1）Web 爬虫：Web 爬虫是一个完整的网络爬虫，其特点有：①与普通爬虫不同的是本系统的 Web 爬虫不是采用常规搜索的“广度优先”策略进行 Web 遍历，是综合考虑广度和深度因素，在高层采用广度优先策略，注重“网站的广度”；在低层采用深度优先策略，注重网页信息更新的灵敏探测。②对“定点监测”的支持。所谓“定点”是用户通过 URL 指定一个爬行起点和爬行范围，爬虫要根据该 URL 对爬行深度、爬行范围进行判定和限制，减少因无关 URL 给系统带来的负载，提高爬虫的效率。

（2）论坛爬虫：论坛网站与普通网站的结构有显著区别。虽然多数网站都可以通过一个“树形结构”进行概括，但普通网站的Web特性决定了网站URL链接关系突出表现为一个复杂的“图”，而论坛网站的“树”形特征更加显著，根据这种树形结构特征，论坛爬虫主要实现：①在页面分级的基础上，按照严格的树形结构进行遍历；②通过对页面重复和页面更新模式的学习，定位不同级别的“目录页面”，并针对“目录页面”进行更新探测，提高探测的灵敏度；③对页面信息的精确结构化，比如，对每一条帖子的发帖人、发帖时间、标题、内容、回复、浏览量、发帖人信息等进行精确的抽取；④在结果信息存储方面，设计适合于论坛特征的数据结构，实现在本地对整个论坛的完整重构和重现。

3.2.2　新闻爬虫

定点爬虫的一个典型应用是针对某个网站或者栏目，不断监测其网页发布动态，并在最短的时间内，发现和抓取最新发布的网页。比如，以美国之音中文版为例，用户只需发现该网站指定时间范围（比如当天）新发布了哪些网页即可，因为一个网站或者栏目发布的网页比较有限，可以对所有指定时间段（如当天）发布的所有网页进行全面阅读。

新闻爬虫的工作原理如下。

（1）指定网站首页或者栏目首页作为入口页面，并指定爬行深度。

（2）爬虫从入口页面开始，扫描是否有新的本站内链接出现，或者此范围内的网页是否有变化，如有，则予以下载。

（3）下载后的页面，按照以下规则进行解析。

①判断是否为“导航页面”，如是，则不进行正文提取，仅提取链接；否则，转规则②。

②对正文页面，判断是否有专用模板，如有，按专用模板提取，转规则③；否则，采用通用正文提取方式提取。

③对正文页面，根据模板设置，确定是否有评论需要提取，如是，提

取评论。

④提取正文时，若遇到图片或视频，就列入下载队列，并为以后恢复显示做好记录。

（4）逐级向下爬行并扫描，获取所有新发布或有更新的网页。

（5）页面下载过程中，应当生成一个高保真的“网页快照”。这个快照一方面具有网页取证的功能，另一方面可以用于还原网页（以便对照网页正文）。

搜索引擎中，所有网页都可以是搜索结果之一，包括那些几乎不包含新闻正文的首页、导航页、目录页、索引页等。过去，我们为了结果简单起见，将此类页面都过滤掉了，即不保存此类页面；但在定点爬虫中，如果此类网页不保存，则无法判断当前的目录页是否有更新，基于目录页判别并获取变化页的机制就失去了依据。另外，此类页面是否真的没有价值尚需探讨。因此，建议爬虫对此类页面应当在识别的基础上予以保存，在系统的后期处理中，比如按时间显示最新发布的新闻时，不显示此类页面。

3.2.3 论坛爬虫

与新闻网站不同，论坛是一种特殊的信息组织结构，其特点如下。

（1）网页上信息内容的结构化程度较高，一个页面上存在较多结构相同的记录，且记录的数量不固定。

（2）典型的页面有版块页、主题页和回复页，其中版块页比较简单，就是各个版块的入库链接；主题页的记录结构一般有作者、发表时间、标题、回复数、阅读数、最后更新时间、最后回复者；回复页的记录结构一般是作者、发表时间、帖子正文、引用内容。

（3）论坛网页最大的特点是数据量大，更新快。要提高论坛爬虫的效率，关键问题是如何快速定位更新信息。因为数据量很大，采用遍历的办法定位更新是不现实的，相对高效的办法如下。

①通过主题页上的信息，判定是否有更新，比如最后回复时间、回复

数量等，通过与上次爬行时的记录进行比较，即可判定是否有更新。

②对有更新的主题，通过主题上的信息，确定此次对回复页爬行的开始位置，比如上次爬行时是 100 个回复（每页 10 个回复），现在是 105 个回复，说明更新从第 11 页开始，就可以直接跳转到第 11 页，而不需要从第一页开始逐页下载。

（4）论坛网站数量庞大，截至 2010 年 6 月末，国内有论坛类网站 19.8 万家。虽然对每个用户来讲，其所关心的论坛数量是有限的，但当我们面对所有的用户时，这个范围就会非常大。所以，我们的目标是能够囊括任何论坛，并在需要的时候，能够快速地、通过非编程的手段，增加新的论坛监测。也就是说，要将论坛爬虫设计为高度可配置的，所有的页面解析、更新探测、爬行策略等，都可以通过非编程手段进行配置，并有相应的工具来测试、验证配置的正确性。

（5）对论坛爬虫的运行状态进行监测，特别是论坛解析等与网站变化有关的故障，要能够随时发现，及早修复。如果全自动地运行论坛爬虫难以做到的话，至少要能够在人工监测、维护的条件下，保证论坛爬虫的高可用性。

3.2.4　元搜索爬虫

元搜索，是一种调用其他独立搜索引擎的引擎，是未来较长时间内必须依赖的手段之一，其好处有以下几项。

（1）直接用关键词、时间、网址等条件，获取网页集合，代价低，返回快。

（2）搜索引擎的收录范围是最大的，目前尚无其他资源可与之匹敌。

（3）用户往往用搜索引擎来与互联网信息监测产品做性能上的比较，如果信息监测产品的收录范围和速度低于搜索引擎，则被认为效率低下，很难说服用户。

开发元搜索爬虫面临的主要问题有以下几项。

（1）搜索频率往往超出了搜索引擎容忍的极限；假设一个产品中包括1000组关键词需要请求（包括各种关键词的组合），每组关键词搜索一次，每页返回100个结果（每次搜索只查前10页，10页以后忽略）。若要达到每小时更新一次的监测灵敏度，则每天需要进行24万次请求，而Google声称，每个IP每天的请求次数不得超过1000次。

（2）搜索引擎结果页面的格式不是一成不变的，单一的页面解析容易造成解析错误，造成结果的遗漏。比如，一组关键词归Google的搜索结果页面中，可能包括来自Google新闻、Google图片、Google地图等不同结果，不同条目的组织形式是不同的，甚至同样来自网页搜索的结果，也会进行某种组合，而不是简单的一个标题加摘要。变化多端的格式，给解析工作带来非常大的挑战。

3.3 海量信息管理与检索子系统

在互联网信息监测系统的建设中，已经在信息抽取、校验、存储、读取、检索等功能做了详细的设计，基于精心设计的MySQL数据库结构，智能分词技术，以及结构化信息向主题信息的转换技术。然而随着系统的深入使用，我们发现随着业务数据的日积月累，媒体检测信息的存储量变得越来越庞大。特别是随着用户公司业务保障工作的不断深入，所关注的内容涉及互联网的方方面面，也因此相关的信息量往往特别大，几乎每天都有大量的相关数据入库。

如何管理好这么多来自不同媒体的信息，特别是在加强对新兴媒体的监测后，预计入库的信息量将呈爆炸性增长的态势。大量新的内容需要入库，大量超过新闻时效性且不相关的内容需要移除，以往历史数据的统计分析，新型的可灵活配置的检索与排序算法，都对数据的管理提出了非常高的要求。互联网信息监测系统部署在多台服务器上，其数据具有吞吐量极大，内容更新极快，检索和分析要求极高的特点。

“结构化数据”，或者“关系数据”，作为数据库技术的基础已应用多年。其中，数据的使用严重依赖于严格的“关系定义”，当问题域变得复杂或不确定时，当数据吞吐量特别庞大，且对基础数据的增加/删除/修改/查询不再要求严格的 ACID 属性时，数据的组织与管理便会极为困难。而非结构化数据集成检索技术能够非常好地应对上述情况，且能在不事先定义结构的前提下，对不同业务背景的数据进行高效的管理和使用。

非结构化数据集成平台的设计目的是在用户公司建设一个以数据集成为主要特色的综合业务数据集成与检索平台，使之成为一大类以咨询和数据支持为主要特色的业务系统建设与改造的基础。同时，本平台提供一整套规范的再开发方案，支持在多维数据集成及关联的基础上，开发一批以数据综合利用为特色的业务系统。

需要注意的是，按本方案设计建设海量信息管理与检索子系统后，对用户企业内业务系统的数据集成、检索、分析，将由本子系统来完成。相对于采集子系统而言，海量信息管理与检索子系统功能更加全面强大，数据采集、关联、管理规则灵活可定制，且能负责海量数据的存储与管理。

3.3.1　系统架构

搭建一个独立的起服务支撑作用的海量信息管理与检索子系统，对各信息系统的数据共享、交换、分析，以及在此之上的数据再开发应用，具有非常重要的意义。然而不同业务系统其数据模型差异极大，数据的表达与处理方式更是大相径庭。如何将这些数据“取出来”，“放入”本平台中，然后依据灵活的模式匹配和关联技术，从中抽取出信息实体，并建立实体之间有意义的关联，进而在数据之上开发新兴应用或挖掘高价值信息，对用户企业现有的信息化布局具有非常重要的意义。该数据集成检索平台一旦建成，能高效联结不同业务系统，打破信息孤岛，突破系统边界，并形成一整套规范的数据共享、交换、分析、检索及互操作标准。

在深入研究用户业务需求的基础上，并对现有业务工作流程及行业状况展开深入细致的调研之后，我们设计的海量信息管理与检索子系统，将由五个子系统和一个开发规范组成（如图3－2所示）。第一，大数据动态管理子系统负责所有非结构化数据及信息实体的存储管理，能够满足数据处理的大吞吐量及系统在线扩容，是平台的最基础的子系统。第二，信息抽取与关联子系统负责对所有入库的数据进行各种定制的信息抽取、特征匹配，并根据灵活的规则搭建信息实体的关联。第三，数据挖掘与分析子系统负责在海量的数据及其关联的基础上，依靠可灵活调整的数据挖掘算法，对数据进行深层次的分析，并从中发掘高价值信息。第四，公共数据网关与API接口负责对外提供完整的数据集成API，并基于权限认证、动态缓冲、高并发处理、负载均衡等技术，对外提供可靠的数据服务。第五，Web管理子系统负责提供系统所有功能、权限认证机制、各类统计及审计信息、所有任务调度的规范的可视化管理。第六，数据集成开发规范为所有业务系统进行数据集成，并获取平台提供的各项数据服务，提供了统一的示例、翔实的开发规范，充分扩展了平台的数据服务价值。

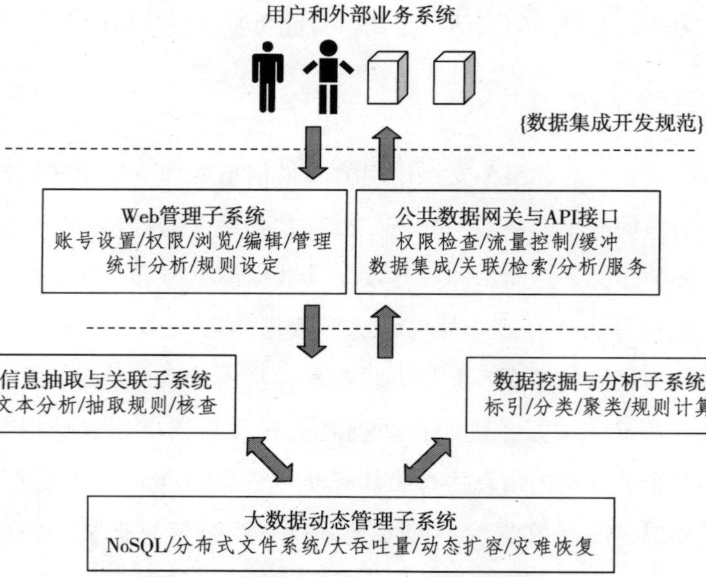

图3－2　海量信息管理与检索子系统的系统架构图

3.3.2 大数据动态管理子系统

本子系统是平台的核心，负责管理所有导入的异构数据。首先，本子系统具备极高的数据吞吐量，能够接受大量异构系统数据的批量导入，也能够支持数据的批量输出。其次，本子系统提供高速的存储、读取、索引、分析等功能，能够在PB级别的数据上快速提供服务。最后，本子系统参考当前国际先进的NoSQL技术及HDFS等超大容量分布式文件系统的技术特点，是基于用户企业的实际业务情况定制开发的。同时，本子系统提供数据的管理接口，提供统一规范的操作语法，并支持数据服务器和集群服务器的在线扩容。

3.3.3 信息抽取与关联子系统

集成检索平台的职能，并不是简单地把各方数据保存下来读出去。它同时提供可配置的高度灵活数据关联规则，支持对各种格式数据的模式匹配，并将匹配出来的信息实体关联在一起，在海量数据中形成具有实际语义或意义的数据关联关系，从而构建起庞大翔实的信息关联关系网。平台依靠对异构数据、非结构化数据、信息实体、关联关系的全方面管理，来提升数据的价值，挖掘高价值信息，为后续的数据分析及再开发提供强有力的支持。

3.3.4 数据挖掘与分析子系统

在存放来自各业务系统的数据，并对数据进行有效的关联规则管理，从而建立信息实体之间的关联后，如何在大数据中充分挖掘出其潜在价值，如何发现不同事件之间的必然联系，如何找到某些现象的变化规律，就需要数据挖掘与分析技术的支持。本平台提供通过专门定制的数据挖掘与分析子系统，通过易用的交互性良好的界面，支持通用的、定制的数据挖掘与分析算法，并以任务调度的形式管理这些挖掘任务，帮助用户以全新易懂的方式在大规模数据集合中挖掘出高价值信息。

3.3.5 公共数据网关与 API 接口

为了对外提供高性能的、经得起考验的、安全规范且提供细粒度安全核查的数据服务，平台需要特别打造一个公共的数据接口网关，并经由此网关与外界的业务系统 API 交互。本网关与 API 的搭建，将参考当前国际流行的大数据服务 API 的技术方法，如 Google 的 Search API，Twitter 的 Bulk Stream API，采用公认安全的认证加密技术，以及优良的 Web API 架构设计。

3.3.6 交互式 Web 管理接口

可靠的、易于使用的 Web 管理接口，是平台的管理界面，也是平台中数据整理、关联规则制定、挖掘分析机制的操作界面，更是平台中各种任务的调度管理窗口。一个易于管理的、可视化的、操作状态易查证的、具有强大统计分析及账号管理功能的子系统，是本平台规范化现代化管理的重要保障。

3.3.7 数据集成开发规范

为支持企业内各个业务系统的数据集成，在现有数据处理 API 及公共网关等技术的基础上，以几个典型业务系统作为试点，开展数据集成业务。并提供规范完整的示例代码、程序、文档、账号、安全认证机制和操作流程说明，从而帮助更多的业务系统，通过本平台的服务接口实现数据共享、交换、互操作，从而开发出新型的基于数据关联的全新应用。

海量信息管理与检索子系统，通过数据集成 API 接收来自外部业务系统的批量的数据导入。为保证数据的规范性，同时也充分参考当前国际流行的大数据 API（如 Google 的 Search API 和 Twitter 的 API），本平台同时支持多种格式的数据导入。首先支持的是 XML，XML 从诞生至今，已经是国际上公认最好的数据交换标准，能对数据及其内涵关系提供充分支持，且语法通用，各种编程语言、数据库等都有完善的支持。如图3－3所示的XML文件截图，表示的是来自FMS的，编号为2014－05－10－100，信息中心是福建省，处理的员工是张三（工号990599）的详细的信息。从图3－3中可以发现，数据是完全Schema－Free的，也即是说，下一个导入的文档，其数据项、格式、属性不必与前面的文档相同。


```xml
<?xml version="1.0" encoding="UTF-8" standalone="no"?>
<data>
    <source>FMS</source>
    <number>2014-05-10-100</number>
    <source>福建</source>
    <worker id="990599">张三</worker>
    <starttime>2014-05-10 8:00:19GMT</starttime>
    <endtime>2014-05-11 10:15:00GMT</endtime>
    <type>国际业务</type>
    <keyword>流量，1109<keyword>
    <phonenumber>13900109919</phonenumber>
    <description>用户于5月3-4日前往澳门，流量超额1109元</description>
    <finished>yes<finished>
    <worklog>已处理，用户手机视频下载过多，流量计费正常</worklog>
</data>
```


图3－3　XML格式的数据表示图

在XML格式的数据之外，平台还接收JSON格式的数据。JSON格式是最近几年兴起且普及非常广泛的Web信息交互格式，其数据表示如图3－4所示。其本意是方便JavaScript语言对数据的发送、接收、解析，后随着Google、Twitter等公司的广泛使用，已经成为业内Web信息交换的新标准。在我国，包括新浪微博、腾讯微博、人人网在内的多家提供数据API的站点，也主要采用JSON格式来进行数据的交换。JSON具有存储空间小、格式宽松、便于程序整合、适用于Web交换等特点。

除了XML和JSON之外，本平台的API也支持二进制格式的文件导入，支持HTML、WORD、TXT、PDF、JPG、PNG等多种格式的数据导入。如导入的是HTML、WORD、PDF、TXT等文件，则系统将根据设置自动执行文本分析功能，从中抽取出可处理的纯文本信息。如导入的是JPG、PNG等图片和视频信息，则系统将其作为已有信息的补充材料，直接保存以待后续使用。


```
{
  "source" : "FMS",
  "number" : "2014-05-10-1000",
  "center" : "福建",
  "worker" : {"id" : "990599", "content" : "张三"},
  "starttime" : "2014-05-10 8:00:19GMT",
  "endtime" : "2014-05-11 10:15:00GMT",
  "type" : "国际业务",
  "keyword" : "流量, 1109",
  "phonenumber" : "13900109919",
  "description" : "用户于5月3-4日前往澳门, 流量超额1109元",
  "finished" : "y",
  "worklog" : "已处理, 用户手机视频下载过多, 流量计费正常"
}
```


图 3－4　JSON 格式的数据表示图

3.4　多维分析与机器学习子系统

丰富的多维度的分析图表是互联网信息监测系统的一大亮点，图 3－5 为数据分析功能示意图，通过直观的、多样的、各种不同角度的数据展现，系统能够帮助业务人员掌握事件的动态发展趋势，依靠定量的数据及其变化曲线支持结论和判断。同时，在互联网信息监测系统开发中，也提供了基于样本训练机制的机器学习方案，在使用中取得了一定的效果，能在某些方面提升用户的满意度。随着信息技术的革新，特别是大数据处理与分析时代的到来，系统也肩负着迅速变革以支持更全面、快速、灵活可配置的分析功能，且提供更便捷易用的技术来提高用户的个性化使用体验。另外，对同义词自动扩展、基础词典、专业词典、文本自动分类、热点搜索词条的推荐等实用功能的需求，也非常迫切。这都使得研发一个较独立的、易于扩展的多维分析与机器学习子系统是必须的。

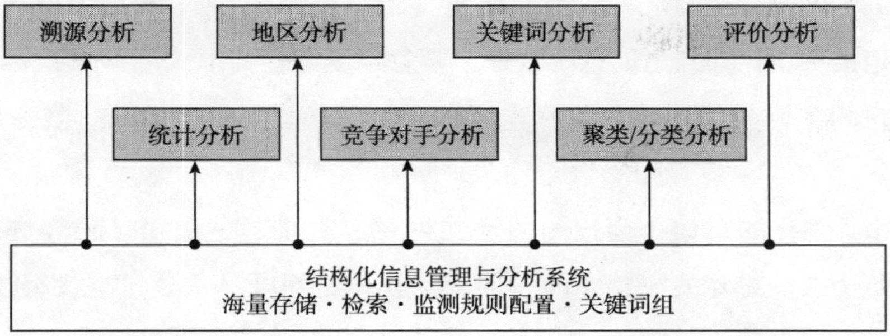

图 3－5　数据分析功能示意图

3.5　权限与接口管理子系统

安全问题无小事。在任何时候，安全对本系统都至关重要。根据用户需求，随着多部门大量用户对系统的不断使用，也逐渐涌现出对用户组、部门、用户个性化配置的多方面需求，同时也要求互联网信息监测系统能对外提供 Web Service 形式的 API 接口以实现多个业务系统的数据集成。因此，在互联网信息监测系统的开发中，我们将以分层权限管理及外部接口服务管理为主线，提供基于用户组、多级部门、单个用户、多种权限、API 账号及流量统计的，记录所有级别、所有账号的行为日志，可严格追查的子系统。

监测，就是不间断地"监视"指定的信息。因此，又可以称之为"跟踪"。由于人的体力、脑力的局限性，人工从事"跟踪"或"监视"的工作，很容易产生遗漏、重复等现象，不仅劳动强度大，而且效果非常差。这里的监测跟踪是指让计算机按照人的意愿，持续关注某些特定的主题，发现异常时，能够及时通知有关人员，从而大大减轻人工监视的劳动强度，提高监视跟踪的质量和效率。

之所以采用"跟踪"的方式进行监测，其中的重要原因之一，就是希望在有关情况发生后，能够在第一时间获得相关信息，引起关注，采取对策。其中的核心机制之一，是“通知”和“报警”。通知和报警机制，可以设定条件，比如到达信息的数量、紧急程度等任何形式的预设指标。根据用户的实际情况，可以采用电子邮件、短信、彩信等方式，发送报警信息。

多人协作的时候，会按照关注的网站、类别、主题、时间等进行划分，每个人只需要关注其中的一部分，互相之间既不重叠，也没有遗漏，这样可以大大节约工作量。同时工作或前后衔接的工作人员，其工作成果的反映可能需要整合，形成完整的工作成果。例如，报告的形成需要综合多人的工作成果，经过几个班次的积累才能完成。同时在“分工”和“协作”两个方面提供协助，对于舆论监测值班工作来讲可能是同等重要的。

值班人员对到达本地的大量信息要逐条阅读，“遗漏”和“重复”是影响工作质量的重要问题。因此，需要对值班人员的“阅读”提供有效支持。每一条从互联网下载的信息，都可能是用户所关心的，特别是对于密切监视的网站而言。因此，一个总的原则是，针对每一条信息，提供“已读”和“未读”的状态标识和标注功能。具体要求有以下几项。

（1）每一条信息显示时，在标题附近显示“已读、未读”图标或文字。

（2）“已读、未读”图标或文字中应当包含链接，单击可以在“已读”和“未读”之间切换。

（3）一条信息打开一次，如其状态为“未读”，则切换成“已读”。

（4）不管信息出现在什么地方（搜索结果、收藏夹、报告夹等任何地方），对此功能的支持和实现形式，应当是统一的。

在阅读信息的过程中，用户可以根据需要将信息加入到收藏夹。“收藏夹”其实只是一个“标识”，标注在被收藏的文档之上，收藏夹并不包含独立的网页或信息条目的副本。

系统提供三个预定义的收藏夹：“所有收藏”、“报告夹”和“回收站”，分别排列在收藏夹列表的第一、第二和最后。用户可以维护自己的收藏夹，包括增加、删除和修改名称。其中，用户收藏夹包含的所有信息，都可以在“所有收藏”中看到。但任何一条信息，只能包含在一个收藏夹里面，用户可以将一条信息从一个收藏夹移到另一个收藏夹。从收藏夹中删除一条信息，是将该信息移到“回收站”，从回收站删除一条信息，是清除该信息的收藏标志。

本系统中，爬虫及数据库管理系统等部分，均运行在接入互联网的服务器上，为保证其运行可靠性和安全性，必须有相应的安全防护设计。

（1）服务器应用软件必须是安全的。监测服务器将下载、分析、处理和存储大量的敏感数据，一旦这些数据被泄露，将导致非常严重的后果。所以，服务器不仅需要“看起来跟普通的 IDC 托管服务器一样”，而且还能够确保非授权用户无法获知系统内部的数据。

（2）服务器本身必须是安全的。互联网信息监测服务器，不同于 IDC 机房里摆放的其他网络服务器。它必须能够抵抗拒绝服务（DDoS）攻击，强制要求更高安全级别的用户权限管理，允许远程监控，并启用多级的日志报警功能。

（3）网络传输必须是安全的。监测服务器会将敏感的经过处理的信息分发给客户端软件，这些传输在网络上的信息必须是加密的，即使恶意监听者截获了网络数据包，也无法解读其中的内容。

（4）增量的改动和部署必须是安全的。Web 应用、Web 服务器、结构化监测分析软件在整个运行过程中，不是一成不变的。例如，数据量的增加要求添加新的硬盘，发现新的安全漏洞时打补丁，需求变化而导致的应用程序重新部署。这就要求任何对服务器软硬件的改动和部署都必须是安全的。

3.6 交互子系统

在项目中，我们基于先进的交互式操作理念，开发了一套专属的 Web

交互子系统。在开发交互子系统的过程中，为给研发团队非常明确的目标，需要快速地就用户的需求做一套原型界面。原型界面，概括地说是整个产品开发之前的框架设计，是“看得见摸得着”的一套界面，用于表达对用户需求的理解，并呈现系统的功能布局和基本使用效果。

如图 3－6 所示的原型系统界面，是使用 MacroMedia、FireWorks 制作的，具有较高网页仿真度，且能够非常清晰地展示系统功能布局，操作流程，以及细节的效果图。根据图 3－7、图 3－8 所示的效果图，软件工程师可尽快理解用户的期待，并开发实现。

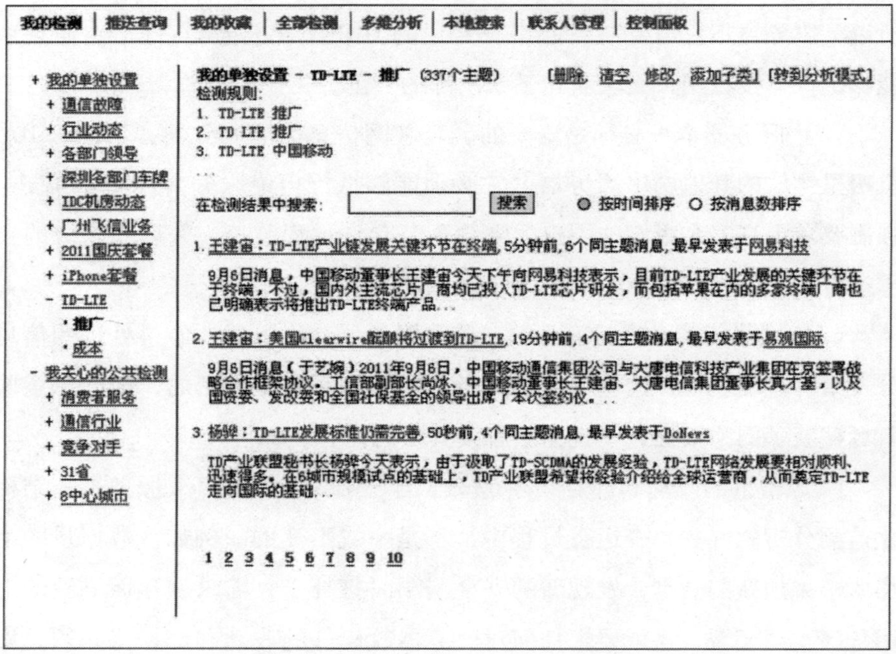

图 3－6　Web 交互界面效果示例图（以通信行业为例）

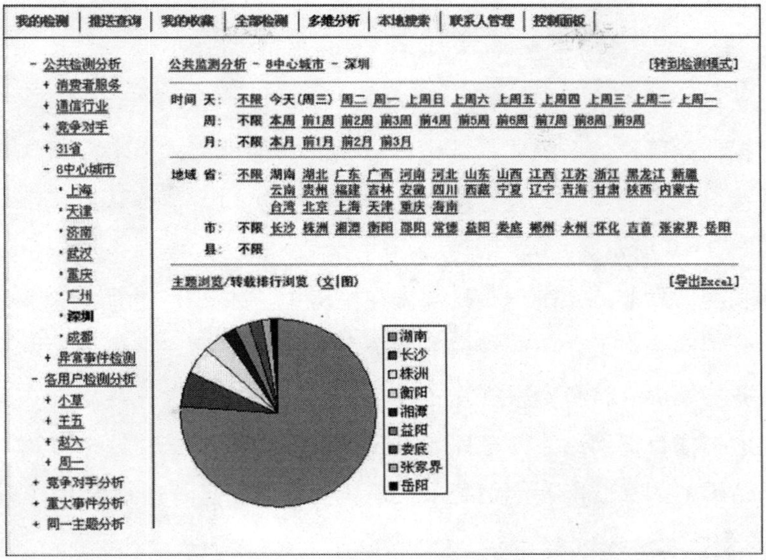

图 3－7　咨询分析效果示例图

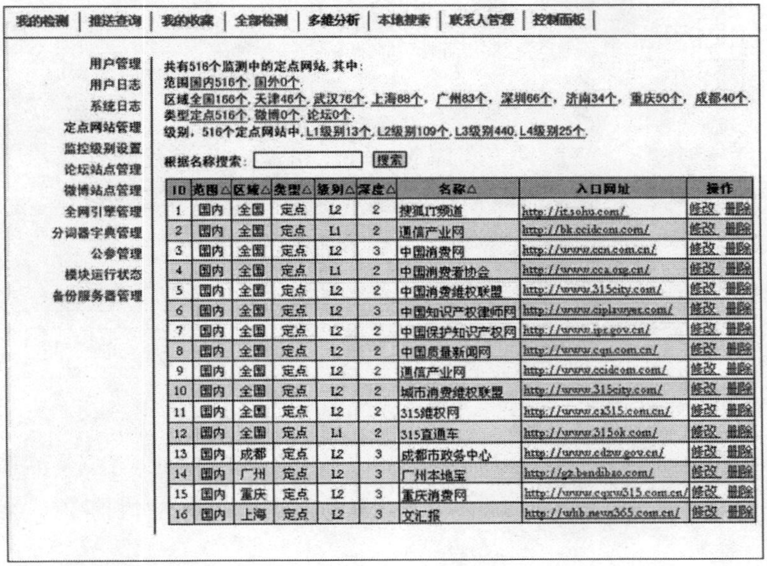

图 3－8　媒体站点配置效果示例图

3.7 系统部署方案

根据前面所述的系统体系结构，以及非功能性需求，考虑系统与其他部门的接口及短信网关，经过认真的考虑及多次讨论，确认系统部署的方案，如图 3－9 所示。

互联网信息监测系统将直接部署在机房中。如图 3－9 所示，系统的软硬件将分别部署在五个不同规模的服务器集群中。第一个集群是网页内容采集服务器集群。将负责根据配置的定点监测和全网检测规则，在互联网上高效地扫描目标网站，并把原始的网页信息存储下来。这个集群，将运行体系结构中的互联网智能信息采集系统及原始信息管理系统。

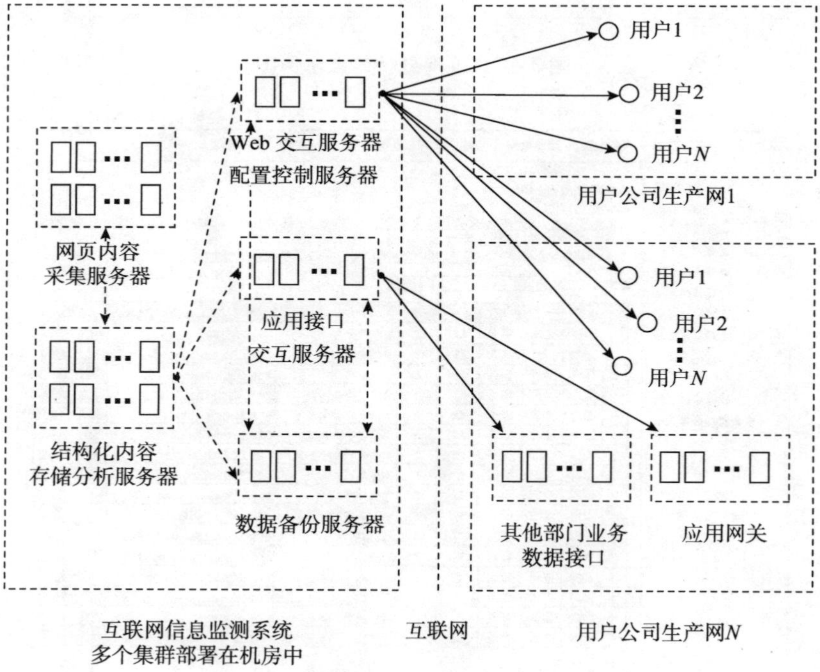

图 3－9　系统部署基本结构示意图

第二个集群是结构化内容存储分析服务器集群。这个集群的服务器，将采用分布式流水线的任务调度结构，运行结构化信息管理与分析系统，负责把原始网页信息转化为结构化的、没有垃圾信息的文档，并在一个庞大的文档集合上执行统计分析、服务评价分析、地域分析等各种用户配置和定义的分析功能。同时，按照不同的时间周期，以及事件的紧急和重大程度，自动生成各类报告。

第三个集群是 Web 交互服务器及配置控制服务器集群。这个集群的服务器，将运行用户公司互联网信息监测系统的 Web 界面，以及用户权限、系统配置及用户的个性化配置管理模块。用户公司的用户，包括各级各部门的接口人，都通过安全访问这个集群的 Web 应用，来浏览、审阅、推送、编辑和查看分析，完成具体的业务。同时，用户权限的管理，也通过这个集群来完成。

第四个集群是应用接口交互服务器集群。由于需要与用户公司其他部门的数据系统，以及短信网关互通，并安全传输各类需要的数据，因此需要一个独立于 Web 交互集群的小型集群，专门负责此类事情。

第五个集群是数据备份服务器集群。事实上，整个系统的两个保障子模块，大部分都运行在这个集群上。因此，这个集群，不仅会按照要求来严格地执行备份制度。同时，该集群还是一个“隐形”的安全保障集群。系统中的安全审计日志、各类检查都会被本集群记录下来。因此，在遇到重大故障时，本集群可以把系统状态回滚到之前的某个正常状态，进而恢复整个系统的正常运转。

从技术上讲，在极端的情况下，系统完全可以部署在单台服务器上，所有的功能都运行于其上。在硬件条件较好，且预算宽松的情况下，系统运行在4台以上（含4台）服务器上，将是较佳选择。这是因为，软件设计上，整个互联网信息监测系统的功能分布在四个集群上，每个集群都需要一台单独的计算机作为载体。进一步的系统扩容，可以根据系统运行状态确定瓶颈环节，然后单独往该瓶颈环节中添加服务器，从而提高系统的整体性能。

接下来以5台Dell服务器及10 Mbit/s下载带宽为例，说明系统对软硬件配置的要求。我们在某IDC机房里，放置了5台Dell 1U的刀片式服务器，公用IP地址为114.113.149.36/37/38/39/40。这5台服务器，分属于以下紧密相连的4个环节。

（1）传统媒体及新兴媒体网站的信息采集。

（2）结构化文档内容管理系统。

（3）Web服务器、业务处理逻辑和应用程序调用接口。

（4）数据备份及系统日志服务器。

这四个环节，物理上对应着四个服务器集群。在这个5台Dell服务器的例子中，由于1台服务器已经能够充分利用10Mbit/s的下载带宽，所以是环节（1）需1台服务器。而环节（2）中，由于文档结构化解析、存储、修改、检索以及相关的分析、聚类、分类等，都需要占用较多的硬件资源，所以使用2台服务器。环节（3）是业务服务器，主要运行Web服务器软件，业务处理软件，以及Web应用等，以1台高性能的Dell服务器，足以应对100名用户同时在线的需求。环节（4）备份及紧急恢复服务器，它负责存储系统备份，并在故障或紧急情况下，将其余三个环节中的所有机器，都恢复到故障前最近的稳定状态，并保证在线/离线等各类业务相关报告、文档、审计日志等的完整一致。

下面以5台服务器为例，给出了具体的系统部署实施图（如图3-10所示）。在这个部署环境中，IP地址为114.113.149.36的服务器，充分使用10Mbit/s的下载带宽，负责24小时不停歇地从互联网采集内容。同时114.113.149.36这台服务器，每天还会定时地启动通往外网的代理服务器。

考虑到数据存储量比较大，而且需要将原始信息解析并转化为结构化信息，供后续的存储、查询以及各种分析，因此对计算能力和存储能力都有较高要求。例如，转载统计功能。一篇新采集来的名叫“我爸不是李

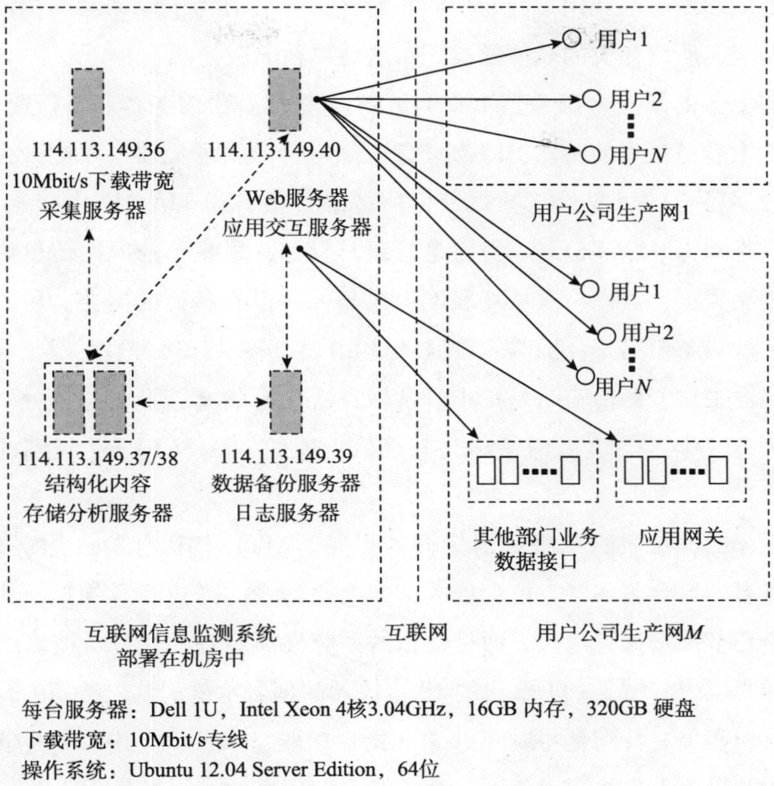

图 3－10　5 台服务器的系统部署实施图

刚，但我也很牛”的报道，需要判断其是否已有转载，就必须把该报道与系统中所有存储的新闻类报道做一个匹配，这是一个对软硬件体系结构都有较高要求的操作。2 台机器的搭配（114. 113. 149. 37 和 114. 113. 149. 38）能够充分发挥系统在海量数据并发处理上的优势。

系统的功能界面，特别是 Web 交互界面的程序，运行在 114. 113. 149. 40 这台服务器上。而除了运行 Web 服务器及界面相关的程序之外，这台服务器还运行小型的数据库程序，负责保留用户的分析报告、文档、收藏、审计等信息，并负责用户信息管理及权限审核，负责从 114. 113. 149. 37/38 这两台机器预读取分析好的文档信息，以及在用户操作下对其他部门数据系统及应用网关的调用。因为功能相对独立，同时为了保证对用户请求的及时响应，所以相关的软件都运行在这台单独的服务器上。

右下方的第五台服务器 114.113.149.39 是备份服务器。备份服务器，从硬件上看是独立的机器，因为只有独立运行的物理机器，才能最大程度保障数据备份的可靠性。数据备份服务器，不备份 114.113.149.36 的数据，这是因为互联网信息本身就是日新月异的，采集到的原始信息如果因为故障丢失了，可以再次从互联网上采集，并没有备份的需要。所以，备份服务器只备份另3 台机器的数据（114.113.149.37/38/40）。对于存储分析服务器来讲，备份策略是每小时备份一次已有的文档及其相关分析。对于 Web 服务器来讲，备份策略是基于数据库的 SQL Statement 级别的实时备份。

同样的，按照四个服务器集群的思路，当采用 10 台 Dell 服务器时，可以将多的5 台服务器，依次加入到四个集群中。需要注意的是，并不需要每个环节都按比例增长，而是根据对系统性能瓶颈的估计，按需增加到相应的集群中。图 3－11 给出的 10 台机器的部署示例，首先考虑的是采集可能更加密集，特别是将对 Web 1.0 网页抓取与 Web 2.0 内容采集分开放在单独的机器上来执行，就可以大幅度增加信息的有效期从而优化下载效率。而文档结构化处理，以及智能分析等，确实需要大量的存储及计算能力，因此服务器加到4 台。对应的，Web 服务器及数据备份服务器，都相应地增加 1 台机器。

对于系统扩容的情况，在软件设计中，已经充分考虑了 4 个环节的独立性及扩容性，因此是个简单易操作的过程。

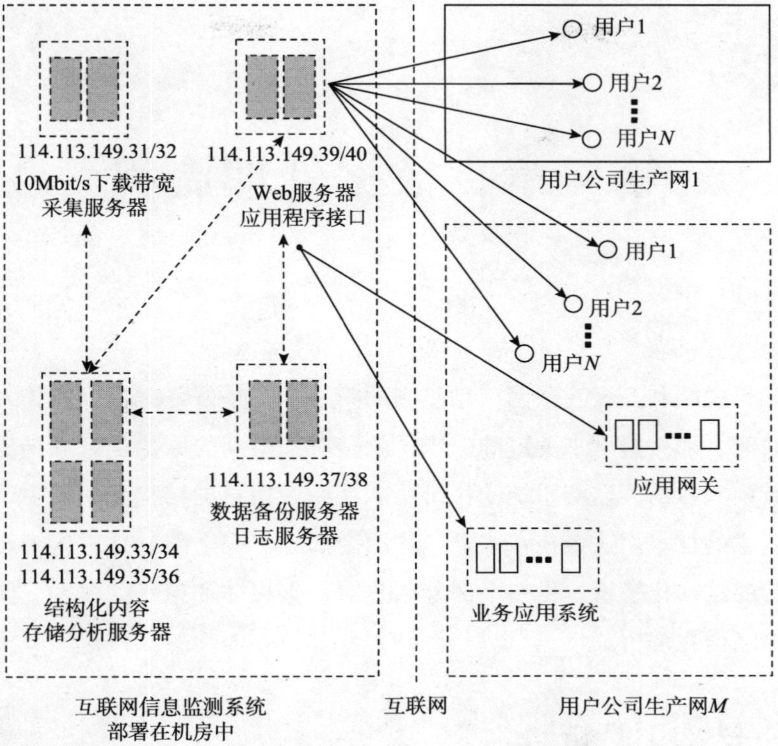

每台服务器：Dell 1U刀片，Intel Xeon 4核3.04GHz，16GB 内存，320GB 硬盘
下载带宽：10Mbit/s专线
操作系统：Ubuntu 12.04 Server Edition，64位

图 3－11　10 台服务器的系统部署实施图

第4章　数据处理流程

如果说顺利开展互联网信息监测的第一步，是保证对目标媒体站点的正常访问，那么接下来关键的一步，就是对采集到的原始信息做结构化的解析转换。目前，监测系统的科研团队在原始信息的结构化解析上，拥有独立自主的技术。这个技术主要包含两个部分，一个部分是对传统媒体网页内容的结构化解析，另一个部分则是对新兴媒体如论坛、博客、微博等内容的结构化解析。

4.1　结构化解析

结构化解析是一个初看很简单很直接，但用软件程序实现起来相当烦琐和困难的工作。其本意是用计算机软件来代替人的阅读，并从中提取出我们看来“非常直接”的信息如标题、回帖数量、阅读数量、正文等。这是因为，计算机程序面对的是一个HTML文本的世界，在这个世界里我们认为是明显标题的文档，其实是用HTML的标签（如<title>、<h1>）来定义的，是浏览器软件帮助我们解析HTML源代码并呈现了美观的界面效果。现有的技术能够有效去除网页中的导航、广告、版权等噪声信息，从而获得可用于计算机结构化处理的数据（如图4－1所示）。

在将原始信息做结构化解析后，获得的拥有多项属性值的结构化文档，就能够被用来显示给用户，能够在分析中体现出来。事实上，从数据量的角度看，单一文档并不具备很高的可读性，使用价值对用户也不大。这是因为，每分钟进入结构化文档管理系统的文档数量基本上会有几十个，一小时下来就是上千个，再眼疾手快的用户也无法跟上这样的速度。而且，随着相同热点新闻的不断被转载，冗余的信息也将越来越多，给阅读造成很大的不便。于是，从不断生成的结构化信息中，去除冗余信息，并将相同或相近的信息聚合到单一的主题下，就成了一项非常重要的工作。而从无结构到有结构，再到主题，到用户推送，就构成了基本的数据处理流程（如图 4－2、图 4－3 所示）。

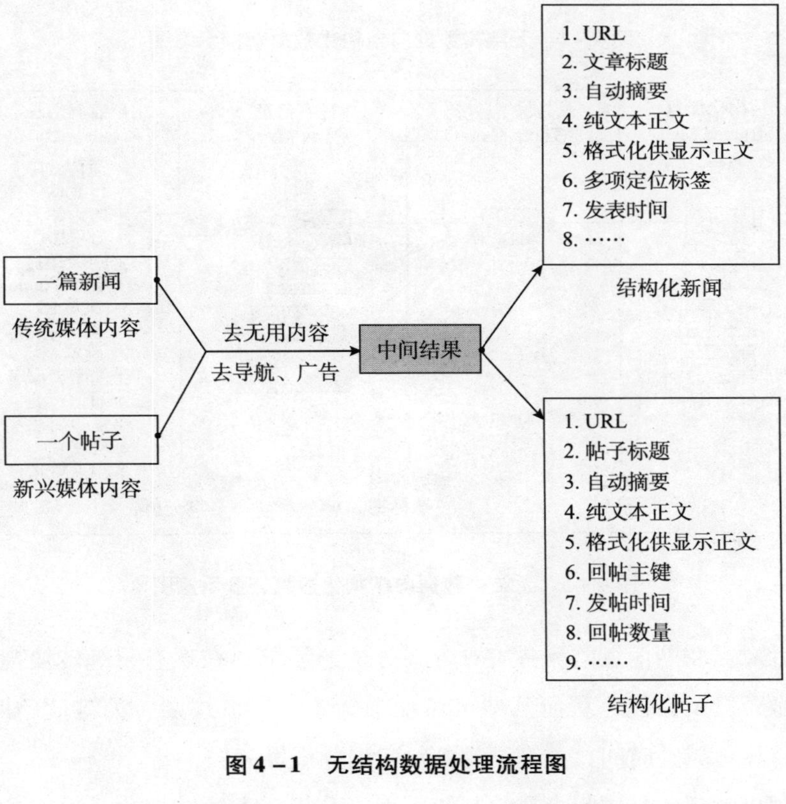

图 4－1　无结构数据处理流程图

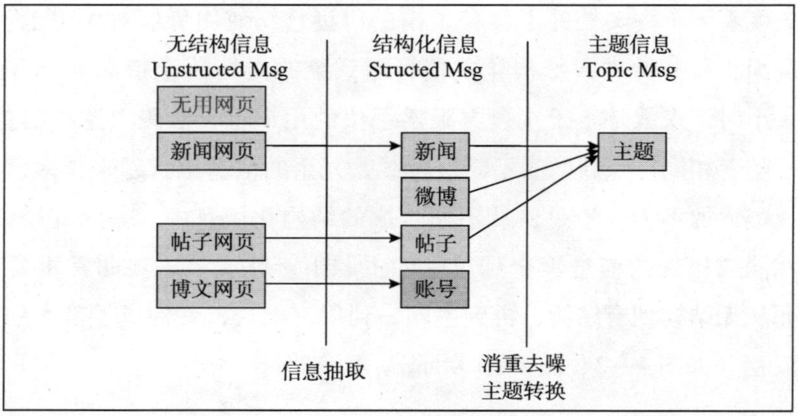

图 4－2　无结构数据向结构化数据转换示意图

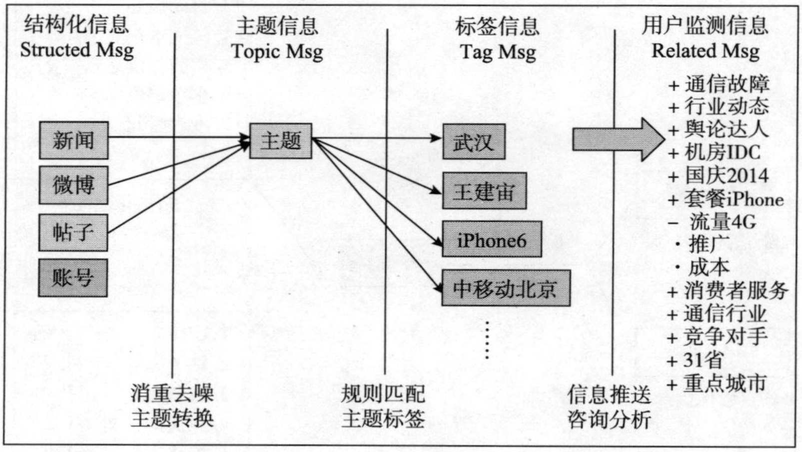

图 4－3　无结构数据向结构化数据转换示意图

针对互联网信息监测系统对咨询分析的需求，在现有系统转换模型上需要做开发及扩展，从而延伸出对动态标签、用户规则、关键词的匹配，并支持按地域、时间、关键词的各种咨询分析报表。

爬虫的任务是访问指定的起始页面，分析其上的链接，为后续访问建立基础。其访问任务类似浏览器的“浏览”动作，获得的是 HTML 页面本身。但对于互联网信息监测系统来讲，需要的不是“完整的网页”，而是网页上“有用的信息”。至于什么是“有用的信息”，在不同的情况下，有不同的解释。比如对新闻网站来讲，新闻的标题、作者、发表时间、正文、评论等，是政府关注的“有用信息”，而广告及其他链接信息不是；但同样的页面，从企业的角度，可能上述与新闻相关的内容都不是“有用的信息”，而广告可能是“广告监测”意义上的“有用信息”。完整的数据转换流程如图 4－4 所示。

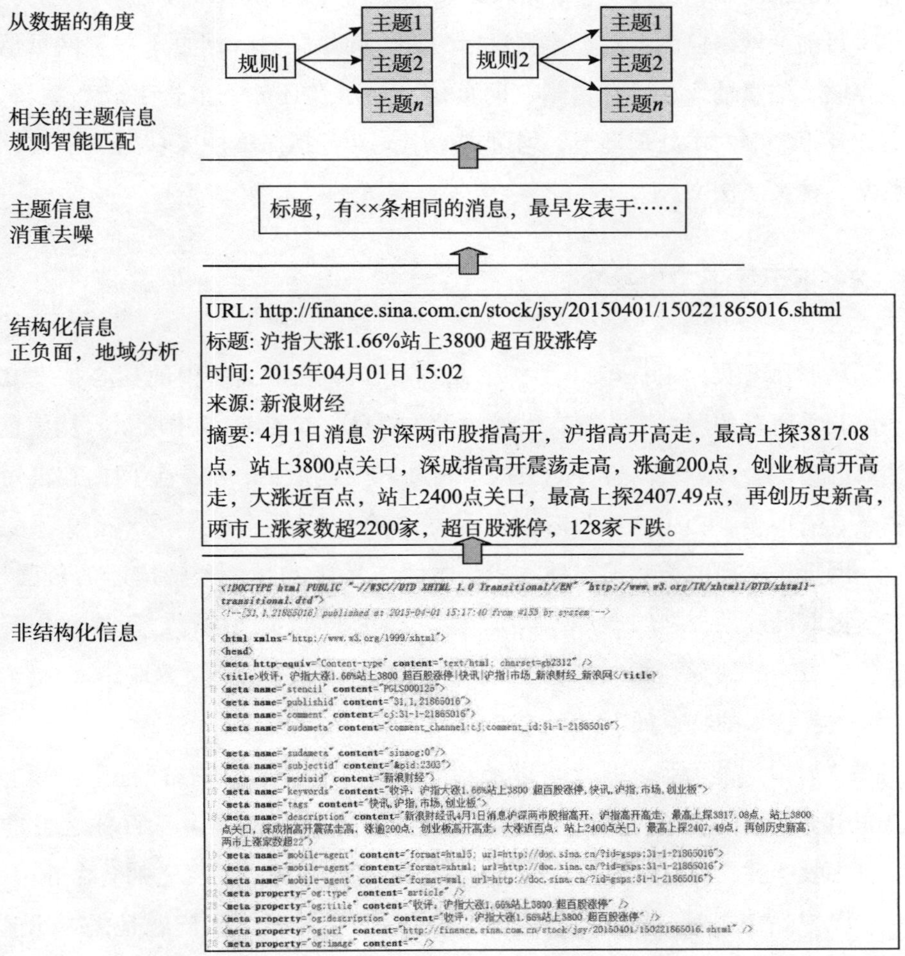

图 4－4　完整的数据转换流程示意图

4.2 多语言支持

用户关心的互联网信息，并不局限于某一种语言，这就是“多语言支持”问题。多语言支持，首先是对目标网页采用的不同语言编码进行归一处理。处理方法是，无论目标网页采用何种编码，都要在保持原有网页内容不变的情况下，将其完整、准确地转换成统一的 UNICODE 编码。

目前，网络监测系统在监测目标配置、网站爬行、网页下载、网页信息存储、信息抽取、信息检索、网页信息显示及还原、报告生成和编辑、通知及报警等文本处理环节，均可支持中文（包括简体中文和繁体中文）、英文、德文、法文。

4.3 网页正文提取

从 HTML 页面上提取“正文”是 Web 1.0 搜索引擎中的核心技术之一。几乎所有的网页上，都有大量的无关信息。如图 4－5 中所示，从信息抽取的角度看，垃圾内容可能占据了超过 70% 的版面，如果新闻内容再短一点（有时候，报道内容只有一句话），这个比例会更高。

网页正文提取，有很多种技术。本系统采用的是一种适应能力较强、正文提取准确性较高的“计算机视觉”技术，即对页面进行“版块划分”，然后模拟人的视觉判断，确定正文所在的版块，并进行正文提取。

这种技术的特点如下。

（1）适应能力强。几乎可以适用于所有大型新闻类网站的正文提取，也能用于多数的博客网站，甚至论坛网站。但绝对不能说是百分之百准确。一般地讲，网页的规范化程度越高、识别能力越强，反之则会降低。

（2）适用于对未知网站的识别。网页正文提取的最大问题是，待处理的网页是事先未知的。因为互联网太大了，爬虫会到哪里，事先是很难预知的，即使知道地址，数量庞大的 URL 个数，也难以做到预先定义。

图 4－5　网页正文结构示例

4.4　网页信息抽取

如前所述，网页上哪些是有用的信息，在不同的情况下会做出不同的判断。某些网站的结构非常复杂，不能简单地用“正文”来概括。首先，一个页面上不是一条信息，而是很多条。其次，每条信息都要获得作者、标题、正文、时间、签名、回复、转载、引用等内容。不同的论坛，其信息的构成、编排等都不同，所以需要采取更为精确的提取技术。在学术界，这些问题统称为“信息抽取”。

与政府舆情应用不同的是，企业从互联网上获得信息，舆论只是其中的一部分。更多的可能是市场竞争情报、市场行情、广告监测和效果评估等。其对信息抽取的精细程度会高于政府需求。例如，消费类电子企业的市场营销，高度依赖于电子商务。因此，监测电子商务网站或行业门户网站上的“行情数据”“价格数据”“竞争情报”等，是目前较为集中的需求。以电子商务网站上的价格数据为例，其中最关键的技术环节，就是如何将电子商务网站上的报价信息提取出来，进行结构化，存入数据库，再进行跟踪分析。

网页信息的抽取，也有多种卓有成效的研究成果。其中最重要的是，为信息抽取“制定方案”。这些方案中，有自动化的、半自动化的、全手动的等多种方法。凡是自动化的方案，都有较高程度的抽取错误。本系统的技术方案如下。

（1）为了追求最高的抽取成功率，采用纯手工的方案编制方法。对已知网站，通过手工编写信息抽取方案，获得100%准确的信息抽取结果。为了提高手工编写抽取方案的效率，需要开发方案编制的专用工具，在图形用户界面上，通过“所见即所得”的操作，完成方案编制和方案的调试。具体功能包括以下几项。

①采用图形化界面，在样本网页上进行定位或选择，即可产生对应的提取规则。

②在样本上的提取可实现“所见即所得”，即在网页上选择，可以即时显示其抽取结果集。

③支持“循环”“条件分支”等抽取规则的描述，且同样支持图形化操作和“所见即所得”。

④描述工具可以对其他样本网页进行测试，观察其抽取结果的正确性。

⑤描述工具与监测系统无缝集成，可实现即时部署。

⑥数据抽取算法可判定抽取的成功与失败，当有新的模板部署后，可以尝试使用新的模板对已有的抽取失败的网页进行重新抽取，确保监测范围内的所有数据最终都能被成功抽取。

（2）手工方式适用于数量有限、网页结构已知的网站。目标网站结构变化以后，需要更新“抽取方案”。当所关注的网站数量很大时，这种方法的代价会很高，好在监测所关注的网站有限，一般包含国内不超过 500 个网站。但在企业应用条件下，关注的情形可能不同，关注的网站数量可能很多。

4.5　命名实体识别

正文提取、信息抽取，都是从网页上获得指定结构的“文本”，至于文本中所讨论的“问题”是什么，和“谁”有关，是“正面态度”还是“负面态度”，计算机是不知道的。为进一步获得更加有用的信息，需要从文本中提取用户可能关心的“实体”，比如人名、地名、机构名（企业名称、机关名称、组织名称）等，进一步地，还可以进行语法分析，获取名词、数量词、动词、形容词、副词等。其中，从文本中提取指定“实体”的技术，叫作“命名实体识别”。

命名实体识别的处理过程，通常包括两部分：①实体边界识别；②确定实体类别（人名、地名、机构名或其他）。英语中的命名实体具有比较明显的形式标志（实体中的每个词的第一个字母要大写），所以实体边界识别相对容易，任务的重点是确定实体的类别。和英语相比，汉语命名实体识别任务更加复杂，而且相对于实体类别的标注，实体边界的识别更加困难。

汉语文本没有类似英文文本中空格之类的显式标示词的边界标示符，命名实体识别的第一步就是确定词的边界，即分词，汉语分词和命名实体识别互相影响；除了英语中定义的实体，外国人名译名和地名译名是存在于汉语中的两类特殊实体类型；现代汉语文本，尤其是网络汉语文本，常出现中英文交替使用，这时汉语命名实体识别的任务还包括识别其中的英文命名实体；不同的命名实体具有不同的内部特征，不可能用一个统一的模型来刻画所有的实体内部特征。

4.6 数据规模估算

对于互联网信息采集来讲，应持续不断地下载数据，并保存一个时间段内的原始数据以便利于后续分析。同时需要保存一个相当庞大的文档库，并做分析和处理，这对带宽、存储及计算能力有较高的要求。在所采取的部署实施软硬件环境下，进行基本的数据规模预期计算，从而可以看出整套软硬件处理互联网信息的能力上限。

就原始数据来看，连续 10 天不停歇地最优化原始数据下载（仅下载新内容，已下载过的内容不再下载），按照部署示例，10Mbit/s 的专线下载带宽（考虑 80% 的利用率，网关有网络限速的设置，网速会有波动），连续 10 天不停歇地下载，得到的原始数据有 864GB，如图 4－6 所示。

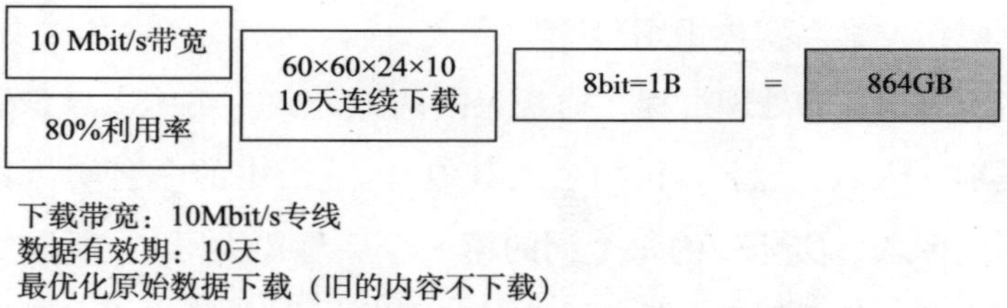

图 4－6　为期 10 天有效的原始数据计算过程

为了提高数据采集的效率，特别是总能下载到新的内容，采用的做法是基于 HTTP 协议的 E-Tag 和 LastModified 标签，即第一次下载某个 URL 时，需要把该 URL 对应的 HTTP 协议的服务器信息保存下来。在这些服务器信息中，有最后修改时间 Last-Modified 以及数据校验的 E-Tag。因此，当下一次需要采集该网络资源时，可以直接在 HTTP 中请求包含 If-Modified-Since 和 E-Tag 等头部信息，让对方的 HTTP 服务器判断该资源内容是否改变，进而决定是否将内容发给我们。如果没有改变，那么就没有内容需要传给我们，也就不会占用下载的带宽。

在此基础上，需要为最近 10 天内下载的 HTTP 资源建立一个供本地存储、查询、修改的索引，从而用来优化下载过程，提高带宽的利用率。对于每一个 HTTP 资源来讲，需要存储的信息有 URL、HTTP 协议的 Last-Modified、HTTP 协议的 E-Tag，该资源下载后计算出来的 MD5 校验码 ContentChecksum，该资源最后被下载的时间，以及该资源对应的目标网站在配置中的 ID 等。整个索引，采用的数据结构是 B + 树，并使用全局的 URL 作为主键。这是一个可以高效查询，支持快速插入和修改的索引结构。

根据估算，构建这样一个索引结构，需要 2. 1GB 的空间，估算过程如图 4 – 7 所示。从性能的角度考虑，这 2. 1GB 的存储将全部放入到内存中。事实上，实际运行的过程中，需要的空间要多于 2. 1GB。因为内存管理需要占用内存空间，每一个内存数据页也难以刚好被 100% 利用，每个内存页总是会有些空白。而且，整个互联网数据采集系统，多线程的 HTTP 客户端下载，以及原始内容在本地的部分缓存处理，都需要占用大量的内存。因此，占用的内存空间至少在 4GB 左右，峰值情况下接近 6GB。

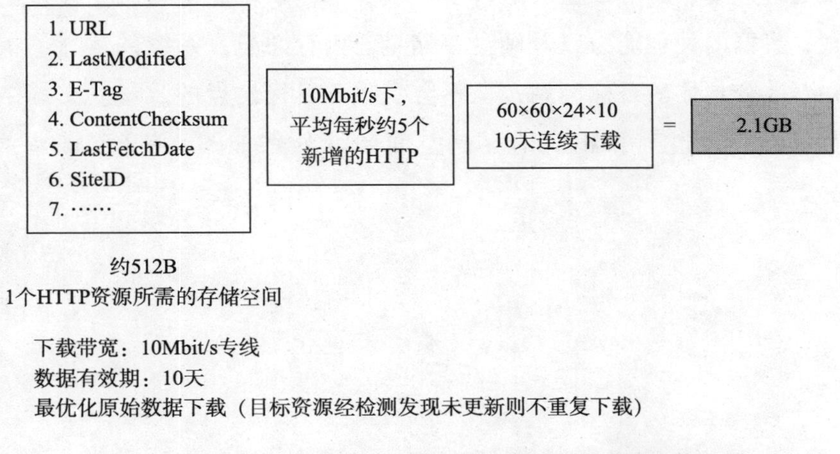

图 4 – 7　为期 10 天有效的下载需要的索引结构空间估算过程

获取原始信息后，接下来的工作就是将该原始信息，直接转换为结构化的，可供处理的文档或者帖子，并保存下来供后续的分析处理，转换过程如图 4－8 所示。在这个由原始信息到结构化信息的转换过程中，数据存储需要的空间并不高。据估算，一个并发量达到 100 进程的环境下，需要的内存空间约为 300MB。在 Web 2.0 环境下，对目标网页内容的解析会比 Web 1.0 复杂很多。这是因为，Web 2.0 的解析是通过配置的 XML 文件来启动解析引擎的，会占用大量的内存。例如，天涯论坛下的某个论坛，就需要单独配置以方便解析出其中诸如回帖数、阅读数、发帖事件等信息。因此，整个解析转换过程，是一个非常耗费内存的过程。

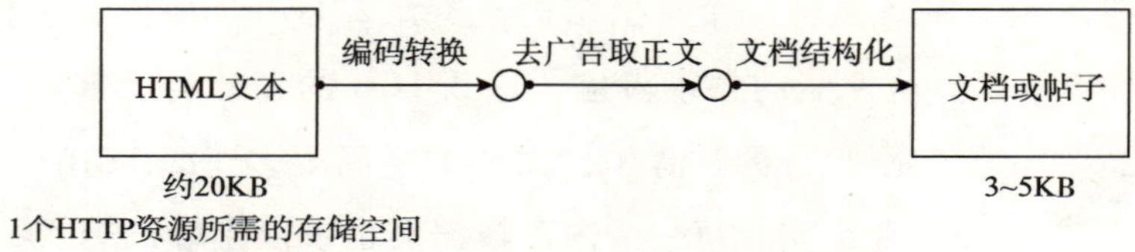

图 4－8　原始信息向结构化信息的转换过程

所以，根据数据规模估算，5 台高性能服务器，10Mbit/s 下载带宽，10 天的下载有效期，30 天的文档有效期，需要的数据存储量、内存空间以及处理速度，是可以正常运行的。事实上，系统的运行瓶颈在于下载带宽、集群的处理能力以及硬盘存储量、内存总量。系统的运行，本质上并不区分具体的目标网站，也不会受限于目标站点的数量。文档结构化及分析处理过程和相应的存储空间预计分别如图 4－9 和图 4－10 所示。

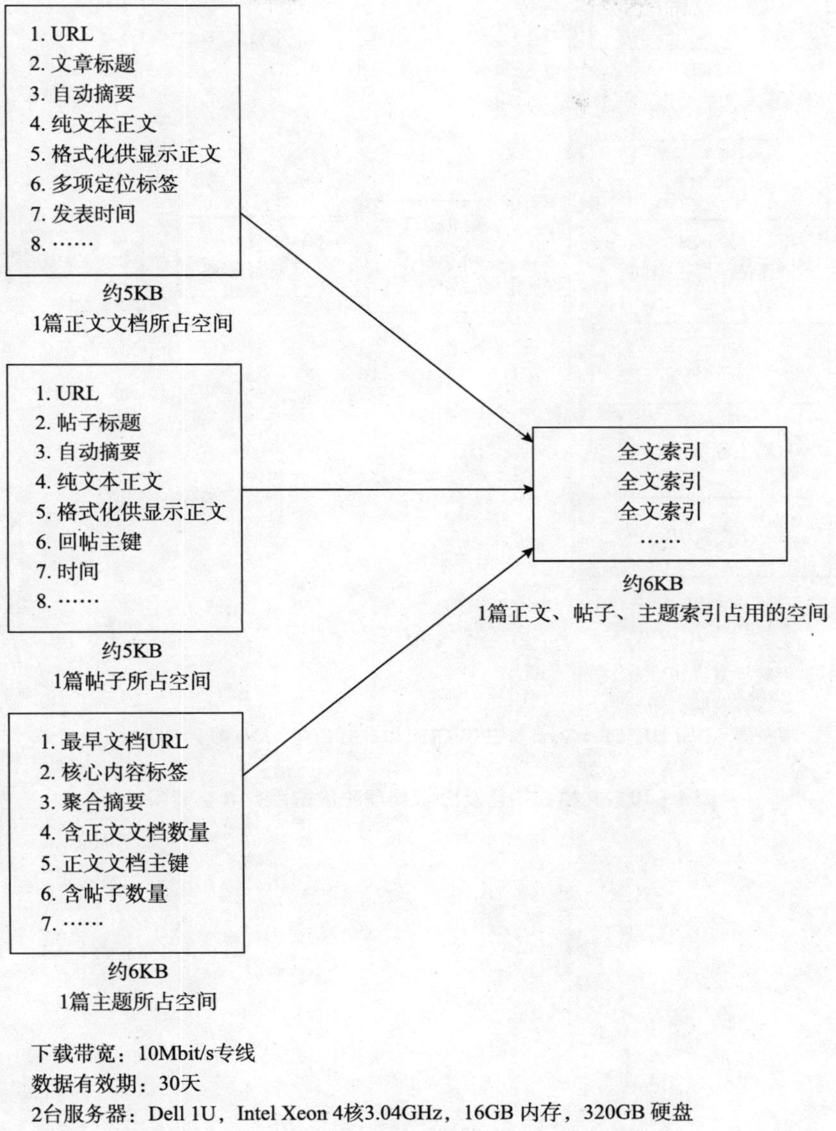

图 4－9　文档结构化及分析处理后得到的正文、帖子、主题及其对应索引

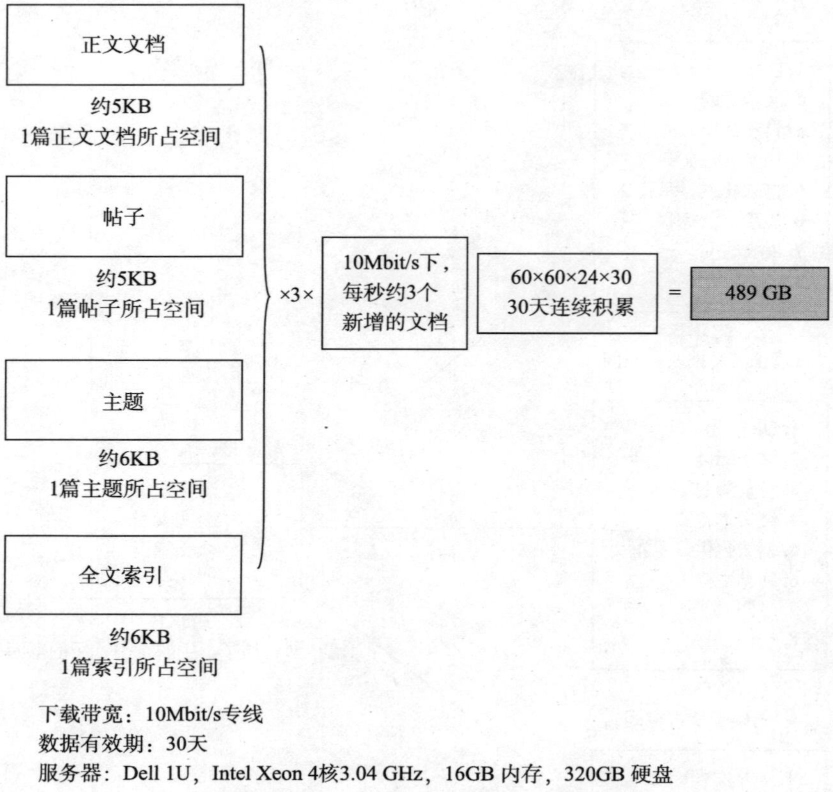

图 4－10　文档结构化及分析处理阶段占用存储空间预计

第 5 章　关键技术解析

互联网信息监测系统的目的在于从每秒都有大量新增内容的互联网上扫描目标站点最新发布的内容，扫描网友们的新增言论，截取各大搜索引擎对一组关键词的返回结果。然后，将获取到的原始网页信息解析并转化为结构化文档。之后，执行转载统计、热点统计、预警、聚类、分类等计算密集型操作，从而在此基础上给用户提供有价值的咨询分析。在后台处理之外，用户在前台 Web 界面上可执行规范的操作、编辑、批阅、短信、预警。最后，需要保证整个系统长时间安全可靠的运行，以及应对灾难的备份恢复。下面将结合企业用户的需求，进一步叙述系统中涉及的各项关键技术。

5.1　文本聚类

文本聚类主要是依据一个著名的聚类假设：同类的文档相似度较大，而不同类的文档相似度较小。作为一种无监督的机器学习方法，聚类由于不需要训练过程，以及不需要预先对文档手工标注类别，因此具有一定的灵活性和较高的自动化处理能力。文本聚类技术，已经成为对文本信息进行有效组织和梳理的重要手段，被越来越多的研究人员所关注。

互联网信息监测过程中，经常会遇到在搜索词未知的情况下无法利用搜索引擎进行监测的问题。这个问题，实际上暗含的意思是：“我不知道什么关键词在目前是重要的”。在监测中，所谓“重要的”意思有多种情况，其中“热点”是普遍关心的一种。

所谓“热点”，可以用多种指标来评价，其中“被报道次数多”是最容易想到的。一件事情被多次报道，并不是“相同的文章”被多次转载，而是“类似的文章”在网络上多次出现。文本聚类就是将很多文章按照“相似”的标准进行归类，使得“海量信息”被压缩为“数量有限”的若干主题。以百度新闻为例，如图 5 – 1 所示。

图 5 – 1　百度新闻搜索“中国高铁”结果效果图

在图 5 – 1 中，在第一个结果里，百度将 10 条相同新闻归为一类，并以凤凰网的一篇题为“贵广高铁串起西南最美乡村”的新闻报道为代表，这样就使得原本数量可能非常大的文档集，被归纳聚焦到若干主题中，去除了冗余雷同的结果，使得原本“海量”而难以掌握的信息变得适合人的阅读和使用。

将所有上述“类似”的报道，归结为对同一个问题的讨论，即按期对监测系统采集到的文档进行聚类分析计算出当前监测范围内的“热点”。文本聚类是在文本转化为向量后，在以“向量距离”为基本指标的基础上进行的计算。当文本很长时，向量也就非常大，对计算资源的消耗也非常大。因此，常常用文档摘要、文档关键词、用户配置好的专业词等为依据执行向量化聚类计算。

5.2　文本分类

文本分类，是将文档归入事先设定的“类别”之中。其中的类别，是一种“先验知识”，即对某一文档属于哪个类别的问题做出判断之前，“有哪些类别”（包括每个类别的具体含义等）必须是已知的。因此，与之相比，文本聚类可以看作一种“无先验知识”的文本分类。

传统上，学术界对文本分类的研究及其评价有一个固定的场景和模式。例如，以“路透社测试文档”为代表的评价方法，对上万篇文档面向数十个分类进行划分，类似常见的“政治、军事、科技、文化、经济、体育等”。这种分类方法，对于一般性的文献管理任务是有效的。在互联网信息监测中，用户面对的是在短时间（比如一天）内处理上万篇甚至更多的网页，这远远超过了人的承受能力。在实际的项目中，用户经常提出的一个问题就是“推荐文档数量大，但相关性低”。

后来人们意识到，究竟依据什么特征来判断文本应当隶属的类别这个问题，就连人类自己都不太回答得清楚。有太多所谓“只可意会，不能言传”的东西在里面。人类的判断大多依据经验及直觉，因此自然而然会有人想到让计算机像人类一样，通过对大量同类文档的分析来总结经验，作为今后分类的依据。这便是统计学习方法的基本思想。

统计学习方法，需要一批由人工进行准确分类的文档作为学习的材料，计算机从这些文档中挖掘出一些能够有效分类的规则，这个过程被形象地称为训练，而总结出的规则集合常常被称为分类器。训练完成之后，需要对计算机从来没有见过的文档进行分类时，便使用这些分类器来进行。

5.3 高可用性

在互联网信息监测项目中，为保证整个系统无单点故障。我们基于高可用性（HA）心跳同步技术，以及 MySQL 数据库自身的 Replication 技术，来实现双机备份方案。双机互备组合中 2 台机器的定位是相同的，即都是数据服务器。但在组合内部，一个是主服务器，一个是备用服务器。这个组合，负责存储所有有关系统输入和输出的业务信息，其工作模式如图 5－2 所示。

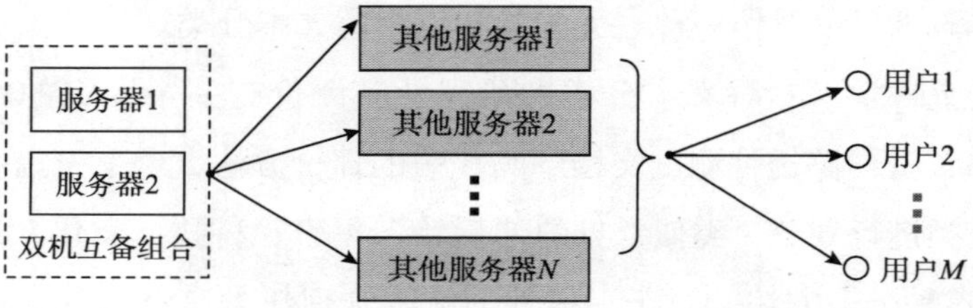

图 5－2　数据服务器的工作模式图

在双机互备组合中，两台服务器同时运行，但彼此均设置对方为备份服务器。当某一台服务器出现故障时，另一台服务器由于保持着数据同步，因此可以即刻接手，从而保证了应用的持续性。对于组合外的其他服务器来讲，能通过预设的 IP 地址进行切换，因此为最终用户提供的服务是不间断的，不存在单点故障的问题。

主服务器与备份服务器，是数据同步的，采用的数据同步方法分两部分：①数据库自身的 Master－Master 备份机制，即两台机器上的数据库系统，都是主数据库，都可以独立运行，并互相做 SQL Statement 级别的备份；②文件部分，由研发团队单独开发的软件保证两台服务器对应目录下所有文件的同步，特别是创建、修改、删除的文件操作是同步的。

双机备份系统采用“心跳”技术保证主服务器与备用服务器的联系。

所谓“心跳”，指的是主从系统之间相互按照一定的时间间隔发送通信信号，表明各自系统当前的运行状态。一旦“心跳”信号表明主机系统发生故障，或者备用系统无法收到主机系统的“心跳”信号，则其他系统将认为该组合的主服务器发生故障，主机停止工作。此时将连接该组合的备用服务器，以完成业务处理。这套机制，不一定要在故障的时候才采用，在日常使用过程中，当主服务器长时间繁忙运行时，也可以直接切换主从服务器的角色以达到设备轮休的目的。

5.4 全文检索

全文检索是将存储于数据库中的整本书、整篇文章中的任意内容查找出来的检索。它可以根据需要获得全文中有关章、节、段、句、词等信息，也就是说类似于给整本书的每个字词添加一个标签，也可以进行各种统计和分析。例如，它可以很快地回答“《红楼梦》中‘林黛玉’一共出现多少次”的问题。

全文检索，在生成阶段主要包括分词、索引编制，在使用阶段主要是搜索。分词在全文检索技术中是相对复杂的环节，因为不同的语言，其分词原则是不同的。比如，中文的分词首先要解决“切词”的问题，需要一个规模庞大且能随着语言发展动态更新的“词库”的支持。实际上，现在很多著名的搜索引擎都使用了多种分词的办法，比如，“正向最大匹配” + “逆向最大匹配”、基于统计学的新词识别、自动维护词库等技术，但是这样的技术还没有做到完美。

索引编制，就是对文本中每一个词素，建立起相对应的“倒排索引”。其中，对英文、阿拉伯文等字母语言来讲，要根据其词形变化进行转换。相对来讲，全文检索是一项比较成熟的技术，开展研究和应用的单位众多。成熟的、可供直接集成的开源资源也很多，虽然是系统必须提供的基础性功能，但不是研发的重点和难点。

在接收 Schema - Free 的数据，并对数据执行了分布式存储、分词分析，信息抽取匹配之后，就可对数据进行检索了。为最大限度地支持各种可能的检索查询，需包含一套丰富的基于集合运算的语法。表 5 - 1 为搜索 API 支持的语法表。这些语法中，包括对“ + ”“ - ”“ （”“）”“AND”“OR”等的组合运用。同时，还支持在某个属性上做查询。如事先知道某属性名为“lastmodified”且存储的是时间，则可以直接在该属性上限定一个时间范围，从而缩小查询的结果集合。

表 5 - 1　搜索 API 支持的语法

搜索语法	含　义
java	包含“java”
java junit java or junit	包含“java”或“junit”或两者皆包含
+ java　+ junit java AND junit	同时包含“java”和“junit”两个词
Title：ant	在 title 域中，包含“ant”
Title：extreme - subject：sports Title：extreme AND NOT subject：sports	在 title 域中，包含“extreme”，同时在 subject 域中，不包含“sports”
(agile OR extreme) AND methodology	包含“agile”或“extreme”或两者皆包含，与此同时，必须包含“methodology”
Title：“junit in action”	在 title 域中，必须包含完整的“junit in action”短语
java *	包含以 java 开始的词，如“java”，“javaserver”，“java. net”等
lastmodified： [2014 - 05 - 05 08:00 TO 2014 - 05 - 10 12:05]	lastmmodified 域表示时间，且时间范围在 2014 - 05 - 05 08:00:00 到 2014 - 05 - 10 12:05:00 之间

在数据入库、存储、分词解析、数值提取之后，就基本完成了数据到信息实体的转换。此时，依靠灵活定制的关联规则，可以将不同的信息有效连接在一起。例如，可以指定信息#1340987 具有时间和金额特征，它将与整个信息空间中，满足“2014 - 05 - 10 前后两日内，流量金额∈[1200, 1500]”的信息相关联。系统将自动在整个信息空间中，进行数据的条件匹配，并将满足规则的信息联结到信息#1340987 下。此关联匹配并非仅运行一次，而是由系统在后台自动维持关联关系，即当有新数据入库且满足关联规则时，将自动加入，当有旧数据被移除时也自动检查和去除关联关系。

5.5　数据模型 NoSQL

SQL 是一种任务描述性的查询语言，所谓任务描述性的查询语言，就是说它只描述系统需要做什么，而不告诉系统如何去做。例如，查出 39 号员工的信息，查出员工的名字和电话，只查找做会计工作的员工信息，计算出每个部门的员工总数，或者是对员工表和经理表做一个联合查询。简单地说，SQL 让我们可以直接向数据库提出上述问题而不必考虑数据是如何在磁盘上存储的，使用哪些索引来查询数据，或者说用哪种算法来处理数据。在关系型数据库中有一个重要的组件，叫作查询优化器，正是靠它来推算用哪种操作方式能够更快地完成操作。查询优化器通常比一般的数据库用户更聪明，但是有时候由于没有充足的信息或者系统模型过于简单，也会导致不能得出最有效的操作路径。

顾名思义，NoSQL 系统的数据操作接口应该是非 SQL 类型的。但在 NoSQL 社区，NoSQL 被赋予了更具有包容性的含义，其意为 Not Only SQL，即 NoSQL 提供了一种与传统关系型数据库不太一样的存储模式，这为开发者提供了在关系型数据库之外的另一种选择。有时候你可能会完全用 NoSQL 数据库代替关系型数据库，但你也可以同时使用关系型和非关系型存储来解决具体的问题。

键值查找的一个好处是，对数据库的操作模式是固定的，这些操作所产生的负载也是相对固定且可预知的。这样像分析整个应用中的性能瓶颈问题，就变得简单多了，因为复杂的逻辑操作并不是放在数据库里面黑箱操作了。不过这样做之后，业务逻辑和数据逻辑就没那么容易分清了。在键值型系统中，复杂的联合操作以及满足多个条件的取数据操作并不容易，需要我们创造性地建立和使用键名。如果一个程序员既想通过员工号查到员工信息，又想通过部门号查到员工信息，那么他必须建立两种类型的键值对。

最理想状态是，数据库会把所有写操作立刻写到持久化存储的设备，同时复制多个副本到不同地理位置的不同节点上以防止数据丢失。但是这种对数据安全性的要求对性能是有影响的，所以不同的 NoSQL 系统在自身性能的考虑下，在数据安全上采取了不太一样的策略。

一种典型的出错情况是重启机器或者机器断电了，这时候需要让数据从内存转存到磁盘才能保证数据的安全性，因为磁盘数据不会因断电而丢失。而要避免磁盘损坏这种故障，就需要将数据冗余地存储在其他磁盘上，比如使用 RAID 来做镜像，或者将数据同步到不同机器。但是有些时候针对同一个数据中心来说，是不可能做到完全的数据安全的，比如一旦发生飓风地震这种天灾，整个机房机器可能都会损坏，所以，在这种情况下要保证数据的安全性，就必须将数据备份到比较远的其他数据中心里。所以，具体各个 NoSQL 系统在数据安全性和性能上的权衡策略也不一样。

单机可靠性理解起来非常简单，它的定义是写操作不会由于机器重启或者断电而丢失。通常单机可靠性的保证是通过把数据写到磁盘来完成的，而这通常会造成磁盘 IO 成为整个系统的瓶颈。而事实上，即使程序每次都把数据写到了磁盘，由于操作系统缓存的存在，数据还是不会立刻被写到物理磁盘上，只有调用 fsync 这个系统操作的时候，操作系统才会尽可能地把数据写到磁盘。

由于硬件层面有时候会造成无法恢复的损坏，单机可靠性的保证在这方面就鞭长莫及了。对于一些重要数据，跨机器做备份保存是必备的安全措施。一些 NoSQL 系统提供了多机可靠性的支持。

5.6　词语统计与分析

分词对于批量相关的文章的统计和特征提取，有着非常显著的效果。现今的很多文字墙的应用，均以提取同批文档中的高频关键词为己任。为此，本系统额外提供了导出为 Excel 的分词分析。如图 5－3 所示，是对某一长篇的博客文章做分析后，获得的出现次数最多和最少的 200 个词汇，且高亮标注了其中的名词。

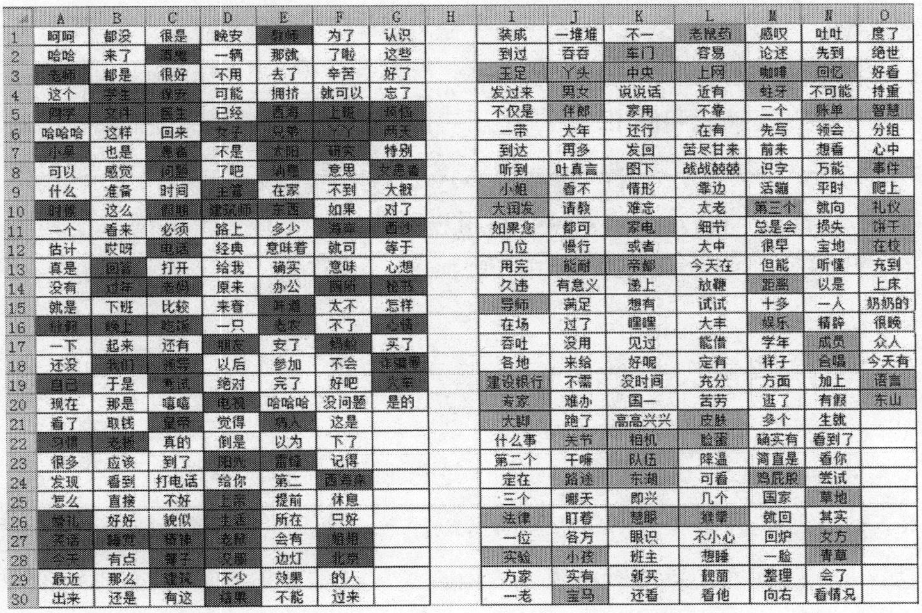

	A	B	C	D	E	F	G	H	I	J	K	L	M	N	O
1	呵呵	都没	很是	晚安	教师	为了	认识		装成	一堆堆	不一	老鼠药	感叹	吐吐	度了
2	哈哈	来了	酒鬼	一辆	那就	了啦	这些		到过	吞吞	车门	容易	论述	先到	绝世
3	老师	都是	很好	不用	去了	辛苦	好了		王足	丫头	中央	上网	咖啡	回忆	好看
4	这个	学生	保安	可能	拥挤	就可以	忘了		发过来	男女	说说话	近有	蛀牙	不可能	持重
5	同学	文件	医生	已经	[illegible]	上班	[illegible]		不仅是	伴郎	家用	不靠	二个	账单	智慧
6	哈哈哈	这样	回来	女子	兄弟	丫丫	两天		一带	大年	还行	在有	先写	领会	分组
7	[illegible]	也是	患者	不是	太阳	研究	特别		到达	再多	发回	苦尽甘来	前来	想看	心中
8	可以	感觉	问题	了吧	消息	意思	女患者		听到	吐真言	图下	战战兢兢	识字	万能	事件
9	什么	准备	时间	[illegible]	在家	不到	大概		小姐	看不	情形	拿边	活蹦	平时	爬上
10	时候	这么	假期	建筑师	东西	如果	对了		大闺发	请教	难忘	太老	第三个	就向	礼仪
11	一个	看来	必须	路上	多少	海南	西沙		如果您	都可	家电	细节	总是会	损失	饼干
12	估计	哎呀	电话	经典	意味着	就可	等于		几位	慢行	或者	大中	很早	宝地	在校
13	真是	[illegible]	打开	给我	确实	意味	心想		用完	能耐	帝都	今天在	但能	听懂	充到
14	没有	过年	老妈	原来	办公	厕所	秘书		久违	有意义	递上	放鞭	距离	以是	上床
15	就是	下班	比较	来看	[illegible]	太不	怎样		导师	满足	想有	试试	十多	一人	奶奶的
16	放假	晚上	吃饭	一只	[illegible]	不了	心情		在场	过了	嘿嘿	大丰	娱乐	精辟	很晚
17	一下	起来	还有	朋友	安了	蚂蚁	买了		吞吐	没用	见过	能借	学年	成员	众人
18	还没	我们	[illegible]	以后	参加	不会	[illegible]		各地	来给	好呢	定有	样子	合唱	今天有
19	自己	于是	考试	绝对	完了	好吧	火车		建设银行	不需	没时间	充分	方面	加上	语言
20	现在	那是	嘻嘻	电视	哈哈哈	没问题	是的		专家	难办	国一	苦劳	逛了	有假	东山
21	看了	取钱	[illegible]	觉得	病人	这是			大脚	跑了	高高兴兴	皮肤	多个	生就	
22	习惯	老板	真的	倒是	以为	下了			什么事	关节	相机	脸蛋	确实有	看到了	
23	很多	应该	到了	阳光	[illegible]	记得			第二个	干嘛	队伍	降温	简直是	看你	
24	发现	看到	打电话	给你	第二	[illegible]			定在	路途	东湖	可看	鸡屁股	尝试	
25	怎么	直接	不好	上帝	提前	休息			三个	哪天	即兴	几个	国家	草地	
26	婚礼	好好	貌似	生活	所在	只好			法律	盯着	慧眼	[illegible]	就回	其实	
27	笑话	睡觉	精神	衣服	会有	[illegible]			一位	各方	眼识	不小心	回炉	女方	
28	今天	有点	帽子	[illegible]	边灯	北京			实验	小孩	班主	想睡	一脸	青草	
29	最近	那么	[illegible]	不少	效果	的人			方案	实有	新买	靓丽	整理	会了	
30	出来	还是	有这	结果	不能	过来			一老	宝马	还看	看他	向右	看情况	

图 5－3　Exel 高亮分词结果

5.7 元搜索

元搜索，是建立在搜索引擎之上的搜索功能。元搜索引擎在接受用户查询请求时，会到其他多个引擎上进行搜索，并将结果汇总整理后返回给用户。基本原理是：①将用户的搜索引擎转发到已知的各大搜索引擎上，比如谷歌、百度等；②采用信息抽取技术，解析各搜索引擎返回的结果信息；③对各搜索引擎返回的信息进行重新编排，如去掉重复的结果并予以标识，按照结果在不同搜索引擎中的位置（代表结果与搜索表达式之间的相关性，或者结果本身的重要性等），进行重新排序；④生成结果网页，返回给发出搜索请求的用户。

元搜索技术提出以来，一直没有像预想的那样获得较大的成功，原因并不在于元搜索本身，而在于元搜索的基础，即搜索引擎。

元搜索的好处是，通过一次搜索，获得各种搜索引擎的结果，并以统一的方式进行阅读和使用，免去了用户在多个搜索引擎之间进行切换的麻烦。互联网信息监测系统中的元搜索技术不同于“元搜索网站”，可以根据用户需要，将指定的结果保存到用户系统中（类似于上述的“全网监测”），为用户对搜索结果的使用和管理提供了便利。

5.8 网络协议 Robots

Robots 协议，也称为爬虫协议、爬虫规则、机器人协议等。网站通过 Robots 协议告诉搜索引擎哪些页面可以抓取，哪些页面不能抓取。Robots 协议是国际互联网界通行的道德规范，其目的是保护网站数据和敏感信息、确保用户个人信息和隐私不被侵犯。因其不是命令，故需要网络爬虫自觉遵守。一些病毒如 Malware（马威尔病毒）经常通过忽略 Robots 协议的方式，获取网站后台数据和个人信息。

robots. txt 文件是一个文本文件，使用任何一个常见的文本编辑器，如 Windows 系统自带的记事本，就可以创建和编辑它。robots. txt 是一个协议，而不是一个命令。robots. txt 是搜索引擎中访问网站的时候要查看的第一个文件，该文件告诉爬虫程序在服务器上什么文件是可以被查看的。

当一个搜索爬虫访问一个站点时，它会首先检查该站点根目录下是否存在 robots. txt，如果存在，搜索爬虫就会按照该文件中的内容来确定访问的范围；如果该文件不存在，所有的搜索爬虫将能够访问网站上所有没有被口令保护的页面。百度官方建议，仅当网站包含不希望被搜索引擎收录的内容时，才需要使用 robots. txt 文件。如果希望搜索引擎收录网站上所有内容，请勿建立 robots. txt 文件。

如果将网站视为酒店里的一个房间，robots. txt 就是主人在房间门口悬挂的“请勿打扰”或“欢迎打扫”的提示牌。这个文件告诉来访的搜索引擎哪些房间可以进入和参观，哪些房间因为存放贵重物品，或可能涉及住户及访客的隐私而不对搜索引擎开放。但 robots. txt 不是命令，也不是防火墙，如同守门人无法阻止窃贼等恶意闯入者。图 5－4、图 5－5 和图 5－6 分别为新浪网新闻频道、百度网、淘宝网和天猫网的 robots. txt。

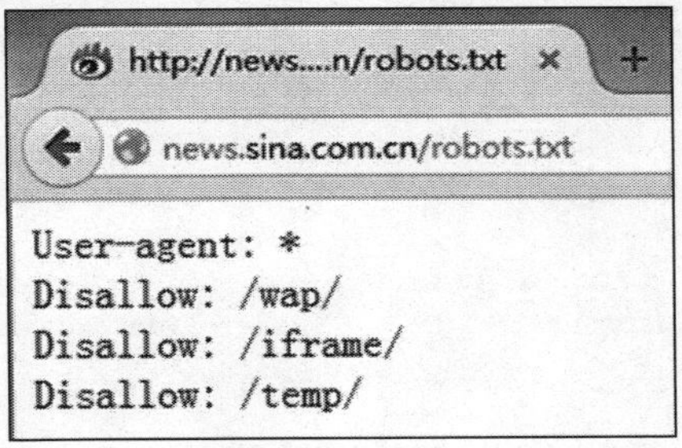

图 5－4　新浪网新闻频道的 robots. txt

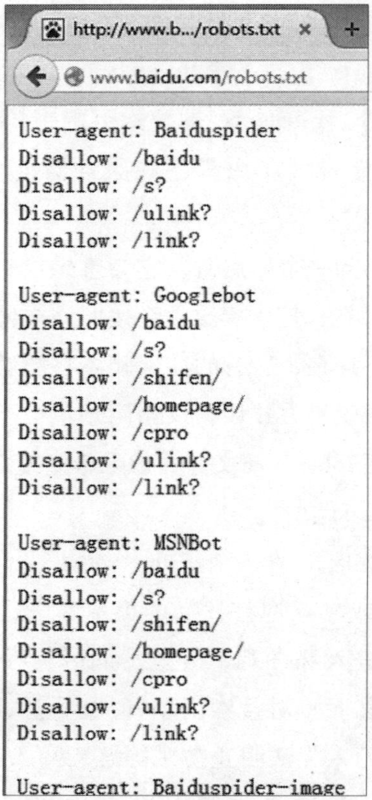

图 5－5　百度网的 robots. txt

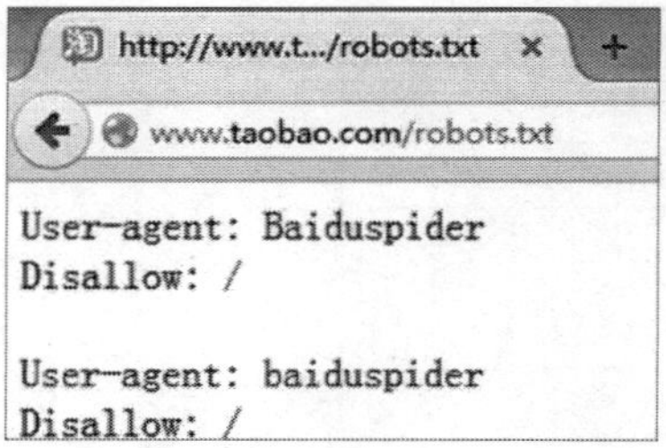

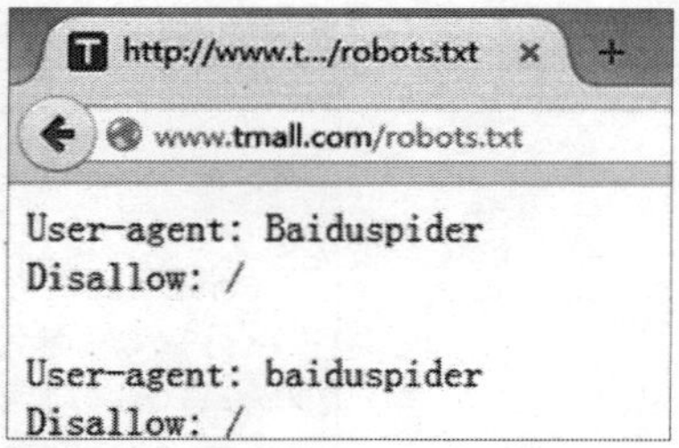

图 5－6　淘宝网和天猫网的 robots. txt

第6章　相关厂商和产品

本章中的厂商和产品信息，可能存在不全、不准或者描述错漏之处，仅供读者参考。

6.1　中科新天

北京中科新天科技有限公司（以下简称“中科新天”）成立于2005年，是一家依托国家高技术研究发展计划（863计划）、国家科技支撑计划等课题研究，致力于课题成果转化和产业化发展的软件企业。参与了围绕互联网搜索、中间件研发和应用的多个国家级科研项目，并获得国家科技进步二等奖。

6.1.1　产品功能

中科新天舆情监测系统，是一个具有自主知识产权的互联网信息监测系统，具有如下功能。

（1）自动信息采集。系统自动信息采集主要是通过网络页面之间的链接关系，从网上自动获取页面信息，并且随着链接不断向整个网络扩展。系统强调信息获取的智能化和准确性，能够通过XML配置文件，识别多个网站的站点结构，准确获取所需的信息，并能同时去掉与抓取内容无关的垃圾信息，省去人工再次筛选、调整的麻烦，提高信息有效性。

（2）信息抽取加工。对收集到的信息进行处理，如格式转换、数据清理、数据统计。对于新闻评论，需要滤除无关信息，抽取并保存新闻的标题、出处、发布时间、内容、点击次数、评论人、评论内容、评论数量等。对于论坛BBS，需要记录帖子的标题、发言人、发布时间、内容、回帖内容、回帖数量等，最后形成格式化信息。信息抽取加工的核心技术涉及自然语言处理、文本分类、聚类、观点倾向性识别、主题检测与跟踪、自动摘要等信息处理技术。

（3）信息实时分析。①热点话题、敏感话题识别。可以根据新闻出处权威度、评论数量、发言时间密集程度等参数，识别出给定时间段内的热门话题。利用关键字布控和语义分析，识别敏感话题。②倾向性分析。对于每个话题，对每个发信人发表的文章的观点、倾向性进行分析与统计。③主题跟踪。分析新发表文章、帖子的话题是否与已有主题相同。④自动摘要。对各类主题能够形成自动摘要。⑤趋势分析。分析某个主题在不同的时间段内，人们所关注的程度。⑥突发事件分析。对突发事件进行跨时间、跨空间综合分析，获知事件发生的全貌并预测事件发展的趋势。⑦报警系统。对突发事件、涉及内容安全的敏感话题及时发现并报警。⑧统计报告。根据舆情分析引擎处理后的结果库生成报告，用户可通过浏览器浏览，根据指定条件对热点话题、倾向性进行查询，并浏览信息的具体内容，方便对决策提供支持。

6.1.2 系统特点

（1）微博监测。整合了智能信息抓取技术、文本分析技术、自然语言处理技术、半结构化信息检索技术，面向网络舆情应用需求而提出的一个完整的解决方案。系统首先从海量的微博信息中，根据特定的要求，实时地下载原始的舆情资料，然后对博主个人信息、每一条博文以及相对应的转发量、阅读量、回复量等，进行广告过滤、文本提取、中文分词、信息结构化转换、索引管理、数据存储后，为指定用户提供有针对性的博文浏览、热点查看、搜索、动态预警、Word和Excel报告、统计报表等功能。同时，允许用户灵活地配置微博网站、敏感词汇列表以及报表报告模板等。

（2）网络取证。“网页”是面向“浏览器”来制作的，目标是通过浏览器实现访问。网络爬虫技术是模拟了浏览器实现的“机器浏览”，因此，目标网站或网页针对浏览器设计的限制性措施，对“网络爬虫”也同样有效。比如，一些网页中包含的图片、音频、视频等材料，需要通过特定的途径来播放，而不允许作为独立的文件进行下载。类似的措施对需要留存证据的取证工作带来了障碍。

（3）多语言支持。用户的使用环境及其所关心的互联网信息，来源于包括简体中文在内的多国语言。因此必须提供多语言支持，首先是对目标网页的不同字符编码进行“一致性”处理，无论目标网页采用何种编码，都要在保持原有网页内容不变的情况下，将其完整、准确地转换成统一的UTF-8编码。目前，系统在监测目标配置、网站爬行、网页下载、网页信息存储、信息抽取、信息检索、网页信息显示和还原、报告生成和编辑、通知、报警等所有的环节，均完全升级并支持简体中文、繁体中文、维文以及英文、德文、法文、西班牙文、日文、韩文。

6.2　谷尼国际

谷尼国际软件（北京）有限公司（以下简称谷尼国际）注册于北京中关村科技园区，是一家集定向搜索与舆论情报技术研究、开发、销售、服务为一体的软件服务企业，总部在北京，目前在广州、上海、南京等地设立了办事处。如今谷尼国际已经成为国内舆情业最具影响力的公司之一，曾获“中国软件行业优秀网络应用软件产品奖”，是中国媒体信息传播研究院发起的技术支撑单位。

谷尼国际网络舆情信息监控是以信息采集技术为核心，应用信息采集技术、内容管理技术、知识管理技术、信息分类技术，实现网络互联网信息监测和新闻热点追踪、新闻监管等功能需求。为全面掌握互联网思想动态，做出正确舆论引导，提供分析依据。

6.2.1 产品功能

（1）自定义URL来源及采集频率。用户可以设定采集的栏目、URL、更新时间、扫描间隔等，以便及时发现目标信息源的最新变化，并以最快的速度采集到本地。

（2）支持多种网页格式。可以采集常见的静态网页（HTML/HTM/SHTML）和动态网页（ASP/PHP/JSP）。

（3）支持多种字符集编码。采集子系统能够自动识别多种字符集编码，包括中文简体、中文繁体、英文等，并可以统一转换为GBK编码格式。

（4）支持元搜索模式采集。元搜索模式是根据关键词和主题词，集成多个搜索引擎的结果为目标采集对象，通过智能处理与分析，只要设一个元搜索配置就可获得几千个网站的相关内容。

（5）监测管理。最新信息将会在1分钟左右到达本地数据库，可通过主题词分类进行导读，也可在整个内容数据库中进行再检索查询，还提供实时滚动播报，也可以将监测的信息编辑成简报发布。

6.2.2 系统特点

（1）热点话题、敏感话题识别。可以根据新闻出处权威度、发言时间密集程度等参数，识别出给定时间段内的热门话题。利用内容主题词组和回帖数进行综合语义分析，识别敏感话题。

（2）舆情主题跟踪。分析新发表文章、帖子的话题是否与已有主题相同。

（3）舆情统计报告。根据舆情分析引擎处理后生成报告，用户可通过浏览器浏览，提供信息检索功能，根据指定条件对热点话题、倾向性进行查询，并浏览信息的具体内容，提供决策支持。

（4）全网监控。通过关键词对整个互联网进行监控（包括论坛、博客、贴吧）。

（5）指定网站监控。指定URL的配置。如新浪娱乐栏目、天涯论坛等的监控。

6.3　方正智思

方正智思互联网信息监控分析系统（以下简称方正智思）是由方正集团独立研发的一款互联网信息监测系统。该系统能够对境内、境外互联网信息（新闻、论坛等）实时监测、采集、内容提取及消除重复；并且对获取的信息进行全面检索、主题检测、专题聚焦、相关信息推荐；按照公安部门业务需求定制信息分类规则，为用户辅助编辑提供信息服务，如信息的预警、焦点信息的趋势分析、各种网络信息报告、简报或报表的自动形成、通过闭环的信息环路实现以发现信息焦点的自动追踪等。

6.3.1　产品功能

方正智思互联网信息监控分析系统运用北大方正技术研究院的核心技术，凭借扎实的技术实力，综合运用其独特性及其专业的行业定位，有效地推动了科技强警的思想，强化了金盾工程建设的进程。

核心技术包括以下几项：

（1）网络雷达信息检索。

（2）自动摘要与自动关键词提取。

（3）自动分类与自动聚类。

（4）相似搜索与消重。

（5）主题检测与追踪。

6.3.2　系统特点

系统以中文信息处理为基础，面向多种媒体格式以网络服务系统与软件开发包两种形式支持二次开发、支持多种操作系统平台，提供多种语言开发接口，采用XML进行数据交换。

（1）智能检索。基于中文分词的多种索引单位；多信息域、多数据类型的索引方式；相关度排序的输出方式；丰富的检索运算；多文档格式、多数据源的支持；多平台、多语种的支持；简单易用功能强大的开发接口；应用中支持海量数据检索，索引检索速度快，膨胀率低，系统资源占用小。

（2）智能分析。利用文档的内在特征信息进行智能分析，判断文档的相似性与重复性。应用中可实现海量文档场合的快速相似判断，能够对文本自动消重，降低文章冗余度、避免文章重复发布。快速查找相似文本，向检索者提供相关推荐等功能。另外这一引擎同样适用于图像的消重与相似检索。

（3）智能处理。自动摘要能够在篇章分析的基础上为文档自动形成摘要。应用中自动形成的摘要不仅拥有很强的准确性，而且具有很好的可读性。自动关键词提取则是通过智能的手段为文档自动提取关键词。应用中有效解决了人力手工标注的局限性，不仅提高了效率，而且准确性高。自动分类具有树状层次分类功能，能够快速自动地对大量文档进行分类。应用中可实现对新闻稿件、图书资料、图像的自动分类。自动聚类可对检索结果进行自动聚类并构建树状结构，以构建企业知识地图、检索者快速定位所需信息。应用中可实现对新闻稿件或大数据量文档的自动聚类，实现辅助专题制作等。

6.4 北京本果

北京本果信息技术有限公司（以下简称北京本果）成立于2008年，始终致力于网络舆情监测系统的研发、信息采集和数据挖掘技术的创新。

鹰隼网络舆情监控系统，是北京本果自主开发的系统。该系统架构先进、功能强大、实施便捷，集网络舆情采集、监测、智能分析和决策参考为一体，广泛地应用在舆情监测，企业竞争情报、风险预警等领域。

6.4.1　产品功能

（1）强大的信息采集功能。全网全天候采集网络舆情，保障信息全面采集，对网络舆情主要来源进行监控，包括：①新闻类门户网站（如人民网、新浪网、雅虎）；②政府机构门户网站（如首都之窗、中国政府网）；③信息资讯网站（各地信息港、行业咨询网）；④交互性质网站（如论坛、贴吧）；⑤个人式媒体（如博客、微博）。

（2）元数据搜索功能。元搜索引擎集成了不同性能和不同风格的搜索引擎，并发展了一些新的查询功能。查一个元搜索引擎就相当于查多个独立搜索引擎。进行网络信息检索与收集时，元搜索可指定搜索条件，既提高信息采集的针对性，又扩大采集范围的广度，收到事半功倍效果。

（3）配置符合用户需求的源监控方案。系统为用户提供舆情源监控方案，对用户背景、行业特征及需求做深度调研，给出最适合用户的舆情源监控方案。

6.4.2　系统特点

（1）舆情智能分析技术。自动分类技术包括基于内容的文本自动分类，基于规则的文本分类。基于相似性算法的自动聚类技术，自动对海量的无规则文档进行归类，把内容相近的文档归为一类，并自动为其生成主题词，为确定类目名称提供方便。

（2）相似性检索和查重技术。基于文档“指纹”的文本查重技术，支持海量数据的信息查重。相似性检索是在文本集合中查找出与之内容相似的其他文本的技术。在实际应用中找出舆情信息内容雷同文章，对相似、雷同文章消重处理；还根据文章主题相似性，生成专题报道，进行背景分析等。

（3）自动分词技术。以词典为基础，规则与统计相结合的分词技术，有效解决切分歧义。综合运用基于概率统计的语言模型方法，分词准确性高。

6.5　维思比

维思比科技（北京）有限公司（以下简称维思比），是2006年7月注册创立的企业，目标是迅速将语义搜索、启发式搜索等先进的信息技术产品化。维思比作为非结构化信息的搜索技术和组织技术提供商，致力于信息甄别、信息整合和智能组织技术的创新与分享。

维思比舆情监控系统的主要功能是实时监控和采集指定目标网站的网页内容，采集过程中对获取的信息进行过滤、去重和自动分类等数据加工处理，通过在网页元数据信息和数据库结构之间建立映射关系，将结果存储到指定的应用系统的后台数据库中，为应用系统提供自动获取互联网信息的数据通道。

6.5.1　产品功能

支持多线程并发的网页采集，同时并行抓取多个网站的网页。支持多工作站分布式采集，可以使用多工作站—多服务器的工作模式。基于决策树的网页更新判断算法，能够及时发现最近更新的网页。多种更新的运行时间计划，可以按特定的周期执行，也可以按指定的时间段来运行。可以根据网络的性能状况调整采集的速度。监控网站出现异常时，提供自动报警功能。

（1）新闻采集。实时监控和采集目标网站的新闻，可准确提取正文、作者、标题、来源、时间等元数据，采集结果可存储到各种主流的数据库系统或XML格式文件中。可采集的网站数目不作限制。

（2）维思比语言接口。维思比语言是一种面向过程的脚本语言，其语法与标准C语言的语法非常相似。维思比语言提供了大量的内部函数，如DOM结构访问、字符串操作、时间转换等函数。维思比垂直搜索平台的解决方案，提供了全面的维思比语言开发接口。使用维思比语言接口，完全可以实现JavaScript生成的网页代码解析。使用维思比语言接口，可以实现一些特殊的分析需求，如窗体顶端交互页面中的结构信息与输入参数（用户、密码等）的获取。

（3）Web发布系统。同时支持维思比全文数据库和RDBMS的数据发布应用。可以支持各种元数据的通用库（表）结构的数据发布应用。支持数据库信息的人工输入与修改过程。可以输入多种格式的数据，如文本、图像、音频、影像等。支持对于自动采集网页数据的人工标引、筛选和删除等操作。对于需要发布的数据信息进行人工审核，也可以设置为自动发布。支持基于用户、组和角色的权限管理。

6.5.2　系统特点

除了基本的新闻采集，支持网页库采集外，可视化的信息采集手段是最大特色，海量信息通过鼠标轻轻一点、一圈，便为知识工作者轻松掌握，不需要其具备专业编程能力或者大量IT技术人员支持。

（1）采集控制策略。支持大规模搜索（亿级网页）和垂直领域搜索。大规模采集使用广度优先调度策略，网页优先调度策略，从而避免对中小网站造成拒绝服务攻击。系统还支持链接深度扩展策略和域名扩展策略、网页MIME类型、附件类型等过滤策略。

（2）元数据采集。能够自动识别网页结构信息，自动抽取网页中的元数据信息，抗干扰能力强，支持网页库级的采集需求，对于部分不能自动识别的网站，支持可视化的模板配置手段，操作简单易用。

（3）新闻热点发现。自动发现最近关注度较高的热点新闻，可以同时支持多个频道或类别的热点新闻发现。

（4）内容分析。DOM模型基础上的网页结构分析，容错性强。基于区域特征的网页智能内容提取。自动分析提取网页中图片和表格信息。可视化的选定区域中的内容提取。基于维思比语言的元数据及内容区域标注接口。基于维思比语言的元数据及内容提取接口。

（5）数据加工。可以采集中、日、韩、俄、英、西、阿拉伯等多个语种的网页数据。支持中文繁体（BIG5）到中文简体（GB2312、GBK）的转换。多语种数据统一的 UTF－8 字符集存储。提供网页内容的自动分类与规则分类。网页信息指纹提取，实现网页的消重，关键词与摘要信息的自动提取。

6.6 乐思软件

深圳市乐思软件技术有限公司（以下简称乐思软件）成立于2003年5月，是以网络信息处理为主要经营方向的高新科技企业，是深圳市“双软认定软件企业”，在互联网海量信息精确监测与垂直挖掘领域拥有丰富的实践经验。

乐思网络舆情监测系统是针对互联网这一新兴媒体，通过对海量网络舆论信息进行实时的自动舆情采集、舆情分析、舆情汇总、舆情监视，并识别其中的关键舆情信息，及时通知相关人员，从而第一时间启动应急响应，为正确舆论导向及收集网友意见提供直接支持的一套信息化平台。

6.6.1 产品功能

乐思网络舆情监测系统的主要功能为：根据用户自定义的任务配置，批量而精确地抽取目标网页中的半结构化与非结构化数据，转化为结构化的记录，保存在本地数据库中，用于内部使用或外网发布，快速实现外部信息的获取。针对不同类型的用户，产品功能的侧重点不同。

（1）门户网站。每天自动采集指定网站（可达几百个、上千个）的最新内容（可以做到每天自动从上千个网络媒体采集上万条新闻信息）；每天自动采集指定购物网站产品价格信息（产品名称、说明、价格、图片等）。

（2）新闻媒体。每天定时自动采集指定网站的新闻内容，扩大内容来源与数量；轻松整合不同地区与行业的新闻，形成专题；采集行业内的专业文章、论坛帖子，并进行整合。系统能够节约采编人员大量的时间，从而让他们可以有更多的精力来从事其他的事情。

（3）企业。实时而准确地采集国内外新闻、行业新闻、技术文章；实时而准确地采集竞争对手以及供应商的新闻、人事、产品、价格等信息；实时而准确地采集公共信源的商业情报（同行产品价格，竞争对手的用户反馈，行业新闻）；实时而准确地采集本企业的品牌以及竞争对手的品牌在各大搜索引擎中的结果；实时而准确地采集各大行业论坛中的信息，从中了解消费者的需求与反馈，从而发现市场趋势与商业机会；准确地从网络公共信息中采集销售线索，潜在客户的资料；准确地从网络公共信息中采集本行业上万种产品的产品信息、图片、技术文档。

6.6.2 系统特点

系统最大的特点是：采集方法的灵活性与采集数据的准确性。灵活性：任何复杂的查询与页面布局都可以灵活处理。准确性：结果数据高度准确（99%～100%）。

自动采集子系统可以对任意目标网站进行自动采集。例如，新华网、强国论坛、天涯社区、西祠社区、网易社区、新浪论坛、搜狐社区、凤凰网、百度贴吧以及用户指定的其他动态网站。可以抽取所有新闻文章或主题帖或者最新主题帖内容，还可以抽取某个主题帖的所有回复帖或者最新回复帖的内容。既可指定某个目标网站进行监测，也可以不指定目标网站对于全球范围内网站进行监测，或者进行两者混合监测。既可以监测国内网站，也可以监测国外网站如Facebook、Twitter、BBC、CNN。

6.7 中科点击

中科点击（北京）科技有限公司，中科院旗下公司，由留美归来的林博士联合中科院多位搜索引擎领域的专家、社科院社会学专家、群体性事件专家，以及新华社、人民网、《经济日报》的资深新闻媒体人士，共同组建而成。林博士早期曾供职于 Google 和 AOL，是 Google 和 AOL 搜索引擎的核心算法工程师。公司专注于互联网信息采集与数据挖掘、搜索引擎核心技术、自然语言智能处理等领域的科学研究、软件开发与网络应用。

军犬网络舆情监控系统，是由中科点击自主研发的一套业内较成熟的网络舆情监控系统和网络舆情办公系统。集成了舆情监测、舆情采集、舆情智能分析、舆情处理、舆情预警、舆情搜索、舆情报告辅助生成、舆情短信自动提醒、动态图表统计分析等核心功能。基于语义自动识别情感，自动分析是否为“负面”；360°的专业词典，深度透析各个维度；特有的“舆情漏斗”算法，实现把互联网“读薄”，大浪淘沙般萃取舆情；透过图表分析趋势，掌握潜在的变化规律。

6.7.1 产品功能

军犬网络舆情监控系统的主要功能如下。

（1）军犬网络信息采集系统从互联网采集新闻、论坛、博客、评论等舆情信息，并存储到舆情数据库中，并通过军犬舆情搜索引擎对海量的舆情数据进行实时索引。

（2）舆情服务平台把舆情数据库中经过加工处理的舆情数据发布到 Web 界面上并展示给用户。

（3）用户通过舆情服务平台浏览舆情信息，通过简报生成等功能完成对舆情的深度加工。

6.7.2　系统特点

军犬网络舆情监控系统制定了“网络舆情监控的标准”，在业界又被称为“35123 平台”。

（1）三大采集：定向采集是指针对指定站点进行采集，非定向采集是指针对特定关键词进行采集，境外采集仅针对在国内不能访问的境外站点。

（2）五大分析：包括分析是否与我相关、是否属于舆情、是否属于负面舆情、是否属于热点舆情，以及每条舆情或某个事件专题的传播路径等。

（3）一个平台：网络舆情专用平台，包括监测平台和办公平台。

（4）两种报告：指基于网络舆情平台中的数据、图表生成的简报专报。

（5）三种预警：包括短信预警、邮件预警、弹窗预警三种方式。

第 7 章　相关开源软件

本章中的开源软件信息，可能存在不全、不准或者描述错漏之处，仅供读者参考。

7.1　全文索引框架 Apache Lucene

Lucene 是 Apache 软件基金会的一个开放源代码的全文检索引擎工具包，是一个全文检索引擎的架构，提供了完整的查询引擎和索引引擎，以及部分语言的文本分析引擎。Lucene 的目的是为软件开发人员提供一个简单易用的工具包，以便在目标系统中实现全文检索的功能，或者是以此为基础建立起完整的全文检索引擎。

Lucene 的原作者是 Doug Cutting，他是一位资深全文索引（检索）专家，曾经是 V－Twin 搜索引擎的主要开发者，后在 Excite 担任高级系统架构设计师，当前从事一些 Internet 底层架构的研究。他贡献出 Lucene 的目标是为各种中小型应用程序加入全文检索功能。后来发布在 SourceForge，2001 年年底成为 Apache 软件基金会 jakarta 的一个子项目。

Lucene 作为一个全文检索引擎，其具有如下突出的优点。

（1）索引文件格式独立于应用平台。Lucene 定义了一套以 8 位字节为基础的索引文件格式，使得兼容系统或者不同平台的应用能够共享建立的索引文件。

（2）在传统全文检索引擎的倒排索引的基础上，实现了分块索引，能够针对新的文件建立小文件索引，提升索引速度。然后通过与原有索引的合并，达到优化的目的。

（3）优秀的面向对象的系统架构，使得对于 Lucene 扩展的难度降低，方便扩充新功能。

（4）设计了独立于语言和文件格式的文本分析接口，索引器通过接受 Token 流完成索引文件的创立，用户扩展新的语言和文件格式，只需要实现文本分析的接口。

（5）已经默认实现了一套强大的查询引擎，用户无须自己编写代码即可使系统获得强大的查询能力，Lucene 的查询实现中默认实现了布尔操作、模糊查询、分组查询等。

7.2　搜索引擎 Apache Nutch

Nutch 是一个开源 Java 实现的搜索引擎。它提供了运行他们自己的搜索引擎所需的全部工具，包括全文搜索和 Web 爬虫。尽管 Web 搜索是漫游 Internet 的基本要求，但是现有 Web 搜索引擎的数目却在下降。并且这很有可能进一步演变成为一个公司垄断了几乎所有的 Web 搜索为其谋取商业利益。这显然不利于广大 Internet 用户。

Nutch 为用户提供了这样一个不同的选择。相对于那些商用的搜索引擎，Nutch 作为开放源代码搜索引擎将会更加透明，从而更值得大家信赖。现在所有主要的搜索引擎都采用私有的排序算法，而不会解释为什么一个网页会排在一个特定的位置。除此之外，有的搜索引擎依照网站所付的费用，而不是根据它们本身的价值进行排序。与它们不同，Nucth 没有什么需要隐瞒，也没有动机去扭曲搜索的结果。Nutch 将尽自己最大的努力为用户提供最好的搜索结果。

Nutch 致力于让每个人能很容易、花费很少时间就可以配置世界一流的 Web 搜索引擎。为了完成这一宏伟的目标，Nutch 必须能够做到以下几项：

（1）每个月取几十亿网页。

（2）为这些网页维护一个索引。

（3）对索引文件进行每秒上千次的搜索。

（4）提供高质量的搜索结果。

（5）以最小的成本运作。

7.3 全文检索平台 Apache Solr

Apache Solr 是一个开源的搜索服务器。Solr 使用 Java 语言开发，主要基于 HTTP 和 Apache Lucene 实现。Apache Solr 中存储的资源是以文档为对象进行存储的。每个文档由一系列的字段构成，每个字段表示资源的一个属性。Solr 中的每个文档需要有能唯一标识其自身的属性，默认情况下这个属性的名字是 ID，在配置文件中使用 <uniqueKey>id</uniqueKey> 进行描述。

文档通过 HTTP 利用 XML 加到一个搜索集合中。查询该集合也是通过 HTTP 收到一个 XML/JSON 响应来实现。它的主要特性包括：高效、灵活的缓存功能，垂直搜索功能，高亮显示搜索结果，通过索引复制来提高可用性，提供一套强大 Data Schema 来定义字段类型和设置文本分析，提供基于 Web 的管理界面等。

7.4 分布式计算基础平台 Apache Hadoop

Hadoop 是一个分布式系统基础平台，由 Apache 基金会开发。用户可以在不了解分布式底层细节的情况下，开发分布式程序。充分利用集群的威力高速运算和存储。Hadoop 实现了一个分布式文件系统（Hadoop

Distributed File System，HDFS）。HDFS 有着高容错性的特点，并且设计用来部署在低廉的硬件上。HDFS 提供高传输率来访问应用程序的数据，适合那些有着超大数据集的应用程序。HDFS 放宽了 POSIX 的要求，以流的形式访问文件系统中的数据。

采用 Master/Slave 结构。NameNode 维护集群内的元数据，对外提供创建、打开、删除和重命名文件或目录的功能。DataNode 存储数据，并负责处理数据的读写请求。DataNode 定期向 NameNode 上报心跳，NameNode 通过响应心跳来控制 DataNode。

目前，Hadoop 主要还是用做计算平台，处理海量数据的分析，如典型的日志分析，但以 Facebook 和 Yahoo 为首的公司早已经将它用于数据仓库。在国内，也有不少公司开始尝试 Hadoop 在数据仓库方面的应用，但是力度还不够，而且多半也是借助于 Facebook 贡献给 Hadoop 的 Hive 组件。由于 Hive 提供了类似 SQL 的编程接口，使得使用 Hadoop 的门槛大大降低，为 Hadoop 在数据仓库方面的应用迈出了一大步。大家在使用 Hadoop作为数据仓库时，经常会拿来和计算平台对比。

7.5　应用服务器 Apache Tomcat

Tomcat 是 Apache 软件基金会的 Jakarta 项目中的一个核心项目，由 Apache、Sun 和其他一些公司及个人共同开发而成。由于有了 Sun 的参与和支持，最新的 Servlet 和 JSP 规范总是能在 Tomcat 中得到体现，Tomcat 5 支持最新的 Servlet 2.4 和 JSP 2.0 规范。Tomcat 技术先进、性能稳定，而且免费。

Tomcat 运行时占用的系统资源小，扩展性好，支持负载平衡与邮件服务等开发应用系统常用的功能。而且它还在不断的改进和完善中，任何一个感兴趣的程序员都可以更改它或在其中加入新的功能。因而深受 Java 爱好者的喜爱并得到了部分软件开发商的认可，成为目前比较流行的 Web 应用服务器。

Tomcat 是一个小型的轻量级应用服务器，在中小型系统和并发访问用户不是很多的场合下被普遍使用，是开发和调试 JSP 程序的首选。对于一个初学者来说，当在一台机器上配置好 Apache 服务器后，可利用它响应对 HTML 页面的访问请求。实际上 Tomcat 部分是 Apache 服务器的扩展，但它是独立运行的，所以当你运行 Tomcat 时，它是作为一个与 Apache 独立的进程单独运行的。

7.6 数据库服务器 MySQL

MySQL 是一个关系型数据库管理系统，由瑞典 MySQL AB 公司开发，目前属于 Oracle 公司。MySQL 是一种关联数据库管理系统，关联数据库将数据保存在不同的表中，而不是将所有数据放在一个大仓库内，这样就增加了速度并提高了灵活性。MySQL 的 SQL 语言是用于访问数据库的最常用标准化语言。MySQL 软件采用了双授权政策，它分为社区版和商业版，由于其体积小、速度快、总体拥有成本低，尤其是开放源码这一特点，一般中小型网站的开发都选择 MySQL 作为网站数据库。

MySQL 的特性如下。

（1）使用 C 和 C ++ 编写，并使用了多种编译器进行测试，保证源代码的可移植性。

（2）支持 AIX、BSDi、FreeBSD、HP - UX、Linux、Mac OS、Novell Netware、NetBSD、OpenBSD、OS/2 Wrap、Solaris、SunOS、Windows 等多种操作系统。

（3）为多种编程语言提供了 API。这些编程语言包括 C、C ++、C#、Delphi、Eiffel、Java、Perl、PHP、Python、Ruby 和 Tcl 等。

（4）支持多线程，充分利用 CPU 资源，支持多用户。

（5）优化的 SQL 查询算法，有效地提高查询速度。

（6）既能够作为一个单独的应用程序应用在客户端服务器网络环境中，也能够作为一个库而嵌入其他的软件中。

（7）提供多语言支持，常见的编码如中文的 GB 2312、BIG5 及日文的 Shift_ JIS 等都可以用作数据表名和数据列名。

（8）提供 TCP/IP、ODBC 和 JDBC 等多种数据库连接途径。

（9）提供用于管理、检查、优化数据库操作的管理工具。

（10）可以处理拥有上千万条记录的大型数据库。

7.7　中文分词工具 IK Analyzer

IK Analyzer 是一个开源的、基于 Java 语言开发的轻量级的中文分词工具。从 2006 年 12 月推出 1.0 版开始，IK Analyzer 已经推出了 4 个大版本。最初，它是以开源项目 Luence 为应用主体的，提供词典分词和文法分析算法的中文分词组件。从 3.0 版本开始，IK Analyzer 发展为面向 Java 的公用分词组件，独立于 Lucene 项目，同时提供了对 Lucene 的默认优化实现。在 2012 版本中，IK Analyzer 实现了简单的分词歧义排除算法，标志着 IK Analyzer分词器从单纯的词典分词向模拟语义分词衍化。

IK Analyzer 2012 特性如下。

（1）采用了特有的“正向迭代最细粒度切分算法”，支持细粒度和智能分词两种切分模式。

（2）在 Core2 i7 3.4GHz 双核，4GB 内存，Windows 7 64 位，Sun JDK 1.6_ 29 64 位普通 PC 环境测试，IK2012 具有 160 万字/s（3000KB/s）的高速处理能力。

（3）2012 版本的智能分词模式支持简单的分词排歧义处理和数量词合并输出。

（4）采用了多子处理器分析模式，支持英文字母、数字、中文词汇等分词处理，兼容韩文、日文字符。

（5）优化的词典存储，更小的内存占用。支持用户词典扩展定义。特别的，在2012版本，词典支持中文、英文、数字混合词语。

7.8 消息中间件 Apache ActiveMQ

ActiveMQ 是 Apache 基金会出品的，功能全面的开源消息总线。ActiveMQ完全支持 JMS 1.1 和 J2EE 1.4 规范的 JMS Provider 实现，尽管 JMS 规范出台已经很久了，但是 JMS 在当今的 J2EE 应用中间仍然扮演着特殊的地位。

ActiveMQ 的主要特点如下：

（1）多种语言和协议编写客户端，支持 Java、C、C++、C#、Ruby、Perl、Python、PHP。

（2）完全支持 JMS 1.1 和 J2EE 1.4 规范（持久化、XA 消息、事务）。

（3）对 Spring 的支持，ActiveMQ 可以很容易内嵌到使用 Spring 的系统里面去，而且也支持 Spring 2.0 的特性。

（4）通过了常见 J2EE 服务器（如 Geronimo、JBoss 4、GlassFish、WebLogic）的测试，其中通过 JCA 1.5 Resource Adaptors 的配置，可以让 ActiveMQ 自动地部署到任何兼容 J2EE 1.4 商业服务器上。

（5）支持多种传送协议：in－VM、TCP、SSL、NIO、UDP、JGroups、JXTA。

（6）支持 Ajax。

（7）支持与 Axis 的整合。

第8章　总　结

互联网信息监测，是对通过互联网传播的、对现实生活中某些热点、焦点问题所持的有较强影响力、倾向性的言论和观点的一种监视和预测行为。舆情监测是指整合互联网信息采集技术及信息智能处理技术后，通过对互联网海量信息自动抓取、自动分类聚类、主题检测、专题聚焦，实现对网络信息的监测、推送、专题追踪，并形成简报、报告、图表等分析结果，为系统用户全面掌握群众言论动态，做出正确舆论引导，提供事实依据。

本书从实际项目经验和调研出发，以非常具有代表性的企业用户需求为起点，详细罗列和解释了包括媒体监测、信息推送、咨询分析等在内的需求功能点。并以此需求为目标，介绍了通用的信息监测系统设计方案，分析网络信息采集子系统、海量信息的存储与管理子系统、数据挖掘与分析子系统等各个系统和模块的技术特点。采用具体的数据实例，一步步解释了从 HTML 网页、结构化信息、去除冗余的主题信息、关联规则，到前台展示与推送的数据处理流程，并展开探讨了其中的关键技术问题。

随着网民表达诉求的方式日益多元化，互联网信息必将受到前所未有的重视，上升到影响国计民生的高度，任何部门、企业、个人都无法忽视互联网信息的影响。因此，如何构建一个成熟稳定、敏捷准确的信息监测系统，全面、即时、精准地了解网络热点及动态，是一件非常紧迫且具有挑战性的任务。